El Ser, La Persona, Uno, Yo y Uno Mismo

Miguel Hoffmann

REFLEXIONES

Orígen / Desarrollo / Maduración

Nivel I

෨෴

HOFFMANN / CIAD

El Ser, la Persona, Uno, Yo y Uno Mismo
Orígen, Desarrollo, Maduración - Nivel I
Miguel Hoffmann

Primera Edición – 2012
Foto del Autor: Colección Hoffmann / CIAD
Portada – Publica Tu Libro

Índice

❧

"Yo Soy ha de preceder a Yo Hago,
de otro modo el hacer carece de sentido."
Donald Winnicott

MIGUEL HOFFMANN

APLICACIONES POSIBLES

Para estudiantes de grado y post-grado en el campo PSI: psicología, psicopedagogía, psicoterapias, psicoanálisis; o bien como texto o como complemento de los mismos en las variantes más avanzadas.

Para carreras afines al cuidado individual en diferentes etapas del desarrollo humano: maestra jardinera, profesorado de educación inicial, técnicas y licenciadas en puericultura, trabajadores sociales, fonoaudiólogas, psicomotricistas, madres cuidadoras, enfermería universitaria, gerontología, crisis vitales, acompañamiento espiritual, counceling, asistentes familiares, personal de Jardines Maternales.

Carreras del campo Educativo: como un complemento de su formación curricular, abriendo la comprensión a la construcción del sujeto al que se destina el trabajo educativo, su constitución y desarrollo. El educando como un co-constructor de su aprendizaje.

Para ONGs, vinculadas con el cuidado de personas en las diferentes situaciones que requieren asistencia; vinculadas con la Infancia, la Adolescencia, la Educación.

Para profesionales de las comunicaciones: periodistas de todos los medios, columnistas, periodismos de investigación, comunicadores del campo de Sociedad.

Para personas independientes del ámbito académico, interesadas en su propio desarrollo o el de sus hijos y familiares, con el fin de comprender situaciones existenciales que progresivamente van ocupando más espacio en los medios de comunicación, en las conversaciones familiares y las preocupaciones de adolescentes, adultos jóvenes y sus padres, alrededor de temas vocacionales, proyecto de vida, elección y decisión de caminos de realización personal.

ತ⊷ೲ

CIAD

Centro de Investigación
y Asistencia al Desarrollo

www.primerainfancia.com

꙾I꙾

¿POR QUÉ EL SER, UNO MISMO, YO, EN LUGAR DEL OTRO?

Creo que la cultura judeocristiana en la cual nos hemos desarrollado nos inculcó suficientemente la idea del otro. El amor al prójimo, sacrificarse por y para los hijos, pensar en los enfermos, el cuidado de los ancianos, el amor en la pareja con respeto, fidelidad y permanencia.

Aunque todo esto último ha ido relativizándose en los últimos años. Se ha dado un cambio con una tendencia a sentir a los viejos como una carga, el sacrificio por los hijos se ha remplazado en parte con el aumento de la demanda económica sobre los núcleos familiares llevando a que la madre se incorpore como un aportante más a la economía doméstica. Y eso cuando no está sola a cargo del niño, un fenómeno que se ve con mayor frecuencia que hace 30 o 40 años. También ha cambiado el concepto de pareja, el respeto la fidelidad y la permanencia han cambiado a modalidades públicamente comentadas y que forman parte de las novelas en la televisión, en el cine y el teatro de nuestra época. La gran aceptación que ha tenido la reciente película D*os más Dos*, del productor y director Adrián Suar, tuvo en el fin de semana del estreno nada menos que 100,000 espectadores[1] .

¿Es esto de lo que quiero hablar cuando me refiero al **ser**, *a* **uno mismo**, *al* **yo**?

Creo más bien que estos fenómenos son lo opuesto a los procesos que me interesan estudiar y describir y que tienen que ver con la organización de un ser humano, que tiene la posibilidad de pensar en sí mismo, de reflexionar acerca de su ser, buscar el sentido de su existencia en el medio de las

---

[1] (www.telam.com.ar/nota/35365).

demandas y exigencias crecientes de un medio socio político y económico adverso a la serenidad, la introspección, la reflexión y el desarrollo personal.

Más bien creo que el ejemplo de la película mencionada, donde se trata el intercambio de parejas tiene que ver con una exacerbación de la búsqueda del placer en un marco conceptual donde lo contrario al placer es la obligación, el sometimiento, el sacrificio personal. O sea una falsa opción, donde no hay más que dos alternativas rígidas.

En cuanto al tipo de placer, tiene raíces en pulsiones normales pero de mucha inmediatez en su logro y de escasa oposición del sistema tradicional de condicionamiento del accionar sobre la realidad.

Está más cercano al concepto de individualismo como posición "moderna", o en esa caricatura de la posición filosófica del postmodernismo, donde todo vale y yo decido.

Volviendo a la pregunta del título, el **ser**, **uno mismo**, **yo,** son posibilidades para interrogarse acerca de la propia manera de ser, la de los otros en general y del Otro particular, al que algunos autores llaman **el otro significativo** y que en el lenguaje de la calle es nuestra pareja, nuestro amigo, nuestros hijos, nuestros padres.

Esto implica una serie de definiciones y luchas. Deberemos constantemente vigilar los impactos que tienen los mensajes de aquellos que pretenden modelar nuestro modo de ver al mundo, la felicidad, la realización de uno mismo pero entendida por ese modelo, en definitiva la lluvia de estímulos para desarrollar deseos, búsquedas, en general apropiaciones de objetos que nos transformarán en algo mucho más lucido, atractivo, exitoso, y muchas veces dotado de alguna forma de poder - no necesita ser poder político, puede ser la capacidad de seducir o de comprar.

ॐॐ

"Esta posibilidad de definir para qué estoy, como funciono, hacia dónde voy, tiene más que ver con la progresiva individuación, o sea aquel proceso por el cual cada vez vamos siendo más nosotros mismos."

Quizás son estas cosas a las que se refiere Zygmund Bauman, en sus diversos libros que nos hablan de la licuación de aquellas estructuras y modelos que regían una, dos o tres generaciones antes que nosotros.

Si voy a desarrollar lo que anuncia el título del presente escrito es porque creo que justamente debemos recuperar para nosotros la posibilidad de saber que nos gusta, en que orden iremos procurando aquello que valoramos y en lo que vamos a emplear nuestros esfuerzos.

Esta claro para mí que la obligación no es un buen motivador. *Querer a los hijos,* no puede ser el resultado de una especie de orden superior y es posible llegar a quererlos por la gran atracción que pueden ejercer sobre nosotros esos seres tan originales y creativos que desde su nacimiento muestran una clara individualidad en su modo de conectarse con nosotros, con el mundo, con los demás. Si podemos estar atentos a los rápidos desarrollos y logros de ese pequeño ser no vamos a parar de hacer descubrimientos, que nos emocionan, nos alegran y nos divierten. ¿Qué mejor forma entonces de llegar a querer a alguien que ir descubriéndolo?

Para poder percibir al otro hace falta estar relativamente libre de pre/ocupaciones, o sea no estar previamente ocupados al 100x100.

Escucho su pregunta ¿y cómo se logra eso? No podré darle todas las respuestas porque es imposible, pero quizás puedo arrimarle alguna.

En el darse tiempo a sí mismo puede radicar una de las soluciones potenciales. Si bien la vida moderna reduce esos espacios de ocio, se han creado otros. El largo traslado que debemos realizar para llegar de una actividad a la otra, nos da ese espacio en blanco de ocupaciones que sí sabemos aprovecharlo nos sirve a los fines de reducir los niveles de preocupación. Si uno evita que dichos espacios se llenen con los problemas que masticamos una y otra vez sin por eso alcanzar su solución, sepamos postergar lo que no tiene solución ahora. Tratemos de evocar las imágenes que guardamos de esos seres queridos, si es el bebe que hemos debido dejar atrás al cuidado de otra persona, pasemos la película mental de aquellos momentos en los que hemos podido disfrutar de sus expresiones, gestos, o esos primeros vocablos o sílabas, ruiditos y otras formas de comunicación.

"Poder hablar de estos temas es ya un inmenso lujo en las épocas que vivimos. Posiblemente algo entre el 80 y el 95% de la población del mundo no tiene ni siquiera la posibilidad de hacerse estos planteos. Simplemente es llevada por la corriente que arrastra implacablemente."

Aceptemos que para muchas de las situaciones que nos preocupan no tenemos la solución, o no la tendremos en el breve plazo. Muchas cosas escapan a nuestro control. Si bien sabemos eso, no siempre estamos dispuestos a aceptarlo.

Y eso nos lleva a otro tema: involucrarnos en cosas colectivas que tengan como fin modificar eso que escapa al control de cada uno de nosotros como individuos. Es lo que llamamos tomar un compromiso.

Pero de nuevo, eso involucra saber qué queremos modificar, de cuanta energía podemos disponer para hacerlo, y no transformarlo nuevamente en una obligación permanente y que avasalla nuestras otras áreas de interés, nuestros afectos, nuestros lazos.

Si vamos a quejarnos de lo difícil que es resolver esta ecuación entre lo que deseamos y aquello a lo que estamos obligados, podemos estar bien contentos en lugar de amargarnos. Poder hablar de estos temas es ya un inmenso lujo en las épocas que vivimos.

Posiblemente algo entre el 80 y el 95% de la población del mundo no tiene ni siquiera la posibilidad de hacerse estos planteos. Simplemente es llevada por la corriente que arrastra implacablemente.

En estos días -septiembre de 2012 -se publicó en un diario un artículo de la Cámara de Anunciantes, donde advertía que una persona promedio que vive en la ciudad de Buenos Aires recibe por día un promedio de 2500 estímulos publicitarios. Lo importante del artículo es que citaba un informe de la academia de neurología en los Estados Unidos de Norteamérica que anunciaba que de esa cantidad una persona podía quizás registrar un 10% olvidando completamente el resto.

Si este tema preocupa a los anunciantes, ¿qué nos queda a los que dedicamos nuestro esfuerzo y estudio a la comprensión de los procesos de la salud mental y el desarrollo humano?

Claramente este escrito es una simple aproximación a un complejo tema que se encuentra en discusión en casi todos los órdenes de las humanidades, pero también preocupa a cientistas políticos, sociales, periodísticos o de la comunicación, en general a la gente que siente el impacto de una modernidad que aporta muchas novedades, sólo que nos da pocos indicadores para saber elegir qué tomamos y qué rechazamos.

Como alguien que dedicó 50 años de su vida a la comprensión de las diferentes facetas de la salud mental o sus carencias, me centraré principalmente en lo que he podido describir con conocimientos propios de ese campo del saber humano.

Mi deseo es poder dar una aproximación con elementos que integren desarrollos teóricos y científicos con estas preocupaciones.

Creo que el notable éxito editorial de algunas figuras de la divulgación de los conocimientos afines al campo de la salud mental y sus consecuencias para bien o para mal, se debe al enorme interés de una franja poblacional que buscan entender qué es lo que nos está pasando, como entender la situación en la que nos encontramos, adquirir alguna forma de control sobre ese desarrollo de los acontecimientos. De manera ingeniosa algunos de estos divulgadores han creado personajes imaginarios con quienes dialogan, a quienes escriben o a quienes escriben cartas, igualmente imaginarias, que tratan todos estos temas o al menos muchos de ellos. Los hay de diferentes niveles de calidad, dependiendo de su autenticidad o sinceridad en la vocación de esclarecer.

"El acercamiento a estas teorías se debió en mi caso a la imposibilidad de sostener una mirada parcial sobre el ser humano, en tanto "aparato", "sistema", o "funciones".

No creo contar con la facilidad de escribir la enorme cantidad de libros que algunos de estos divulgadores han producido, y que han podido asumir el privilegio de ser cuestionadores, que invitan a la reflexión, que ofrecen algunos caminos alternativos, que buscan soluciones y que piensan como instalar estos temas en un grupo muy grande de personas especialmente los jóvenes (entendiendo hoy que la juventud se ha prolongado muchísimo si se lo compara con la época en la que se pasaba a la adultez en los tiempos de nuestros abuelos, refiriéndome con esto a algún período entre los 30 y los 60 años anteriores a este tiempo).

❧II❧

Entrando En Materia

La idea central que me llevó al desarrollo de este texto es la percepción del poco lugar que ocupa *la idea del ser humano como un concepto global y abarcativo dentro del campo psicológico en general, y en las explicaciones relativas al desarrollo infantil temprano.*

En cuanto al desarrollo infantil son muy pocas las publicaciones que nos recuerdan que éste es tan sólo el primer segmento de lo que se conoce hoy   como desarrollo humano. Muchas universidades europeas y anglosajonas ya cuentan hace 40 o 50 años con institutos universitarios específicos para el estudio del desarrollo humano.

En el campo político muchos países han incorporado el concepto de desarrollo humano con secretarías y en algunos casos ministerios específicamente dedicados a ese fin.

Los organismos internacionales han diseñado programas para medir y fijar anualmente el índice de desarrollo humano de una determinada región o país.

Tanto más sorprendente es la dificultad para introducir este concepto en las ciencias psi, siendo que *psique* es la raíz con la que se construye la palabra psicología, tanto como psicoanálisis, psicopedagogía y otras.

Dentro del campo del desarrollo humano y en particular del desarrollo temprano hay escasos intentos de formularse al bebé como un ser humano total, más allá de sus desarrollos neurológicos, motrices y sensoriales, la maduración y las etapas del crecimiento.

En el campo del psicoanálisis y la psicología compruebo grandes dificultades en la comprensión de conceptos tales como *Self, sí-mismo, yo, Ser, uno mismo, Sujeto*.

A lo largo de mi formación encontré diversas dificultades que me complicaban la relación con mis estudios, con muchos de los profesores y con algunas instituciones.

Complementariamente, siempre me llamó la atención el poco interés en descubrir los caminos por los cuales se llega a un **desarrollo saludable** de una persona, en especial desde el punto de vista de la *salud mental*. Así como en la medicina empecé examinando el cuerpo humano de un ser muerto, en psiquiatría cursando la materia correspondiente de la medicina, me inicié en el Moyano y el Borda, viendo lo que quedaba de una mente y de un alma muy golpeados y deformados en el transcurso de sus vidas, sin saber muy bien porqué. Es más, en el caso del Borda, tuve mis primeras experiencias como alumno voluntario en un verano entre primer y segundo año de Medicina, al trabajar en el laboratorio de un patólogo salteño, que me enseñó a hacer los cortes de Jakob en los cerebros de los fallecidos en el psiquiátrico.

La sorpresa de encontrarme con una fragmentación permanente del ser humano, dividido en territorios del saber, completaban una impresión desconcertante. Esos territorios -que terminaban siendo verdaderos feudos- en los que se atrincheraban sus defensores más acérrimos, o bien para aislarse en su sagrada reserva o para hostigar a los representantes de otros campos que pretendían explicar algún fenómeno de manera interdisciplinaria.

Descubrir que la *vida interior* de las personas es explicada en los términos propios de las nuevas disciplinas, como un *enfrentamiento entre pulsiones*, a su vez determinadas por el principio del placer y las defensas construidas de acuerdo a una realidad cultural asumidos por una instancia psíquica a la que se designaba con la palabra ambigua **YO**. Si digo ambigua es porque cuando alguien dice yo, se está refiriendo a sí mismo. Pero dentro de un desarrollo teórico iniciado a fines del siglo XIX por Freud se transformó en un *segmento del aparato psíquico* construido a los fines de mediar con el medio ambiente. Este medio ambiente Freud lo identificó rápidamente como un importante antagonista de aquellas pulsiones que buscan el placer, en función de las restricciones que aparece en toda civilización. Le opuso entonces al *principio del placer* el *principio de realidad*, entendiendo por realidad lo que el exterior nos da a entender como algo posible y realizable.

De ahí la creación de uno de sus trabajos más interesantes, *EL MALESTAR EN LA CULTURA*, (Freud, Das Unbehagen in der Kultur (El malestar en la Cultura), 1930) donde muestra los sacrificios que hace el individuo para poder pertenecer a un todo, su comunidad, su cultura las reglas sociales, los principios culturales. A pesar de ser éste el eje central de este valioso trabajo, el primer párrafo dice textualmente (traducción libre):... *"No se puede evitar la impresión que los seres humanos habitualmente se miden con parámetros falsos: poder, éxito y riqueza, aspirando a lograr estos valores y admirándolos en otros, subestimando al mismo tiempo los auténticos valores de la vida. Sin embargo al establecer estos juicios generalizados se corre el peligro de olvidar el patrón multicolor del universos humano y su vida anímica (aquí Freud usa la palabra seelisches, que estrictamente significa la vida del alma). Existen algunos pocos seres a quienes sus contemporáneos no les retacean su admiración, aunque su verdadera grandeza descansa en características y producciones que le son ajenas a los objetivos e ideales de la masa. Con facilidad se podrá suponer que es tan sólo una minoría la que reconoce a estas grandes personalidades, mientras la gran mayoría no desea saber nada de ellos. Pero quizás no sea tan simple debido a la discordancia entre el pensar y el actuar de los seres humanos y la multiplicidad de sus deseos.*

Uno de estos extraordinarios hombres, en la correspondencia se me manifiesta y declara como amigo. Yo le había hecho llegar mi pequeño escrito que trata la religión como una ilusión (Freud, Die Zukunft einer Illusion (El porvenir de una ilusión), (1927) 1968), *respondiéndome que podía coincidir plenamente con mi juicio acerca de la religión lamentando sin embargo que no se hubiese apreciado debidamente la fuente de la* **religiosidad**. *Esta religiosidad se basaría en un* **sentimiento** *que a él no lo abandona en momento alguno, que ha podido confirmar en muchos otros y que puede dar como un hecho en millones de personas..." (Páginas 421/22).-énfasis mío-*

En una nota al pie Freud admite que su apreciado interlocutor es Romain Rolland.

Este escritor, frecuente corresponsal y figura valorada por Sigmund Freud, había encontrado en el orientalismo de Ramakrishna y Vivekananda, una explicación que defendía el sentimiento de una eternidad ilimitada sin barreras y comparable con el sentimiento oceánico. A la vez separa dicho sentimiento de toda ilusión o credo.

Pero Freud responde (página 422) "... *no es cómodo trabajar científicamente con sentimientos. Será posible quizás describir sus indicios fisiológicos... cuando esto no es posible no queda otra cosa que atenerse al contenido representacional que acompaña asociativamente con mayor facilidad a este sentimiento...".*

Pero Freud no se queda tranquilo con esta respuesta y vuelve sobre el tema un poco más adelante comentando que a el mismo le resulta muy difícil convencerse de la naturaleza primaria de un sentimiento de ese tipo. Y ahí agrega: "*... pero por ello no puedo poner en duda su real existencia en otros...*".

Como buen científico vuelve con la siguiente consideración acerca del valor probatorio de un sentimiento que según su parecer es tan difícil de incorporar al tejido conceptual de la teoría psicoanalítica: "*... normalmente nada es más evidente para nosotros que el sentimiento de nuestro ser, en nuestro propio yo. Este yo aparece ante nosotros como independiente, unitario y diferenciado de todo lo demás... (más adelante) sólo por medio de la investigación psicoanalítica nos ha sido posible mostrar que esta apariencia es un engaño o ilusión, ya que el yo continúa hacia adentro sin límites precisos en un modo de ser del alma al que llamamos ello y al que le sirve de fachada [seelisches Wesen, en el original, Wesen esta explicado como "modo de ser" en la primera de unas 25 acepciones, en su mayoría compuestas, que remiten al modo de presentarse alguien ante los demás"] ...*" [2]

Pero esta afirmación tan categórica queda inmediatamente relativizada por alguien quien como Freud ha conocido mucha patología, con el siguiente párrafo: "*... la patología nos enseña por medio del conocimiento de una gran cantidad de estados en los cuales la delimitación del yo contra el mundo exterior se torna insegura, o sus límites son trazados de forma realmente equivoca; casos en los cuales parte de nuestro cuerpo y aún de nuestra vida anímica, de nuestras percepciones, ideas y sentimientos aparecen extraños ante el yo y no pertenecientes a él...*".

Este profundo análisis realizado en el extenso artículo mencionado es de gran utilidad a los fines de la presente monografía, al igual que la correspondencia abundante que mantuvo Freud con numerosos

---

[2] Nota del Autor.

intelectuales de su época, entre otros Oskar Pfister un pastor protestante suizo, con quien durante muchos años intercambiaron ideas en forma amistosa. El mencionado poeta francés, el físico y matemático Albert Einstein, y muchas otras figuras destacadas de su época demuestran que Freud era absolutamente consciente del peso contextual sobre el individuo.

Debo decir que este pensamiento de Freud lo encontré recién 30 años después de haber concluido mi formación en el Instituto de Psicoanálisis. Es otro Freud, es el que tiene su mirada puesta en la globalidad de la vida del ser humano. Habiendo ya publicado sus principales trabajos sobre el funcionamiento del aparato psíquico, entiendo se sintiera con la libertad suficiente para entonces llevar su aplicación a la comprensión de algo más global, como la relación con los sentimientos y en particular aquellos sentimientos que espontáneamente nacen en nosotros cuando- en sus palabras- *nada resulta más cierto para nosotros que el sentimiento respecto a nosotros mismos, nuestro ser y nuestro propio yo..." (p.423* (Freud, Das Unbehagen in der Kultur (El malestar en la Cultura), 1930).

Pero ese Freud que habla del amor a los hijos, del porvenir de la humanidad, de los riesgos para la civilización, la pérdida de valores y su sustitución por pequeñas ambiciones, lo fui descubriendo de a poco en lecturas que no formaban parte de lo que se designa como " núcleo duro" de la formación psicoanalítica.

Entre los colegas que nunca rompieron con el psicoanálisis figuran personas de la talla de Erik Erikson, que puso su mirada en todo lo que ocurre en la vida humana, la lucha por defender ciertos valores, con sacrificios personales importantes, por ejemplo en la biografía de Gandhi.

Erikson ya postuló en 1950 la relación entre infancia y sociedad (Erikson E. , 1950). Publica allí sus experiencias al conocer otras culturas originarias de los Estados Unidos de Norteamérica, los "pieles rojas" de las películas de Hollywood, en las que encontró ritos y costumbres culturales basados en una transmisión oral de la tradición y las costumbres de esos pueblos. Estudió la diferencia existente en el juego de varones y mujeres de corta edad.

Estableció en aquel libro siete etapas del desarrollo humano desde el nacimiento hasta la muerte. Este tema no quedó ahí y en una publicación de 1985 (Erikson, E.H., 1985) extendió estas etapas a ocho. En un libro póstumo su esposa e íntima colaboradora de sus desarrollos, publica la tabla con nueve etapas. Durante su periodo académico de la Universidad de Harvard colaboró en la preparación de políticos en la conocida escuela Kennedy donde introduce la correlación existente entre el juego y la política en un estudio que abre la comprensión de muchos hechos que suceden en un cuerpo social por la construcción psicosocial de quienes la rigen (Erikson E., 1978). Si recordamos que fue el autor de la biografía de Gandhi, a la cual aplicó todos sus conocimientos sobre el desarrollo psicosocial, encontramos nuevamente los elementos que van transformando una existencia hasta un punto impensable. Entre el Gandhi que viaja a Sudáfrica luego de haber estudiado como todo hijo de familia adinerada en las mejores escuelas y universidades de Inglaterra, viste de etiqueta con bastón y galera. El hecho de ser arrojado al andén por ser un hombre de color que se atreve a viajar en primera clase, es uno de esos episodios que marcarán su vida. Ya en el pueblo en el que deseaba establecerse hace contacto con un clérigo que está allí en una misión de las que han hecho diferentes iglesias cristianas, intentando convertir al cristianismo a los pobladores más alejados de los países centrales. Con él discute y por medio de él va comprendiendo la injusticia del orden social imperante en aquel país en el cambio de siglo entre el 19 y el 20.

Hace además contacto con los numerosos pobladores provenientes de la india que similar al sistema de la esclavitud realizaban allí las tareas más ingratas, por la menor paga posible.

También conoce algunos comerciantes de su país que han logrado hacer dinero y que están decididos a financiar su tarea jurídica en la defensa de los derechos de aquellas personas que siendo de su misma sangre de origen sufren bajo el sometimiento de un sistema judicial arbitrario. Incita a la quema de documentos transitorios que sólo sirven para ser aceptados como trabajadores migrantes pero no para tener derechos ciudadanos.

Finalmente regresa a la India, aproximadamente una década antes del nacimiento de otro gran luchador social, Nelson Mandela. Su vida allí es conocida en mayor profundidad y no necesitamos relatar el enorme progreso que hace un hombre que acostumbrado a los flujos de otra cultura, retoma la vestimenta, los hábitos alimenticios, la costumbre de prepararse sus propios tejidos y comidas, y enfrentando todas las veces que lo considera necesario a la fuerza colonial que oprime a esos cientos de millones de hombres y mujeres que no logran hacerse dueños de su propio destino, apropiarse de su propio territorio, gozar de los productos naturales que les brinda esa tierra y sus numerosos minerales. Cuando Gandhi descubre que hay un impuesto muy elevado sobre la sal, un elemento esencial para la preparación de cualquier alimento, inicia un peregrinaje hasta el mar que lleva varias semanas y arrastra consigo una muchedumbre. Llegados a la orilla del océano, comienzan a secar el agua de mar en piletones, obteniendo así la sal que le era vedada por el impuesto de los ingleses.

Seguramente Freud pensaba en este tipo de hombre cuando hablaba de aquellas personas extraordinarias a las que pocos negaban su admiración y respeto. Aquellas personas que eligen valores como la solidaridad, la justicia, la lucha contra la dominación, haciéndolo además en forma pacífica, jamás empuñando un arma que no fuese su propia palabra, sus propias actitudes de vida, sus costumbres cotidianas, el respeto de las tradiciones propias de su pueblo, el afecto por los más débiles y marginados.

También vemos la gran apertura que hizo Erich Fromm, además de fundar la asociación psicoanalítica mexicana y entrenar a docenas de analistas, nunca abandonó su deseo de divulgar su manera particular de entender la inserción del hombre en la cultura, y los grandes dramas existenciales tratados en libros como por ejemplo *El miedo a la Libertad, Ser y Tener, El Arte de Amar*. Si releemos la traducción de la primera página del Malestar en la Cultura, vemos como Fromm llevará adelante el camino trazado por Freud en esas pocas palabras.

En el tratamiento dado en esta monografía a los aspectos más destacados de la lucha de los seres humanos por llegar a conocerse, esencialmente saber *quiénes son,* - ese sentimiento de certeza de *quien soy,* al que Freud se refiere en la cita que mencionamos más arriba -y de acuerdo a eso intentar llevar una vida auténtica, con desarrollo de una creatividad en el nivel de importancia o trascendencia que sea.

Otro tema que deriva del anterior es la pregunta que muchos se formulan, *¿para qué sirvo?*

Esta pregunta crece en importancia cuando vemos la enorme dilución que ha sufrido el aporte individual en un mundo cada vez más regido por fuerzas muy alejadas y distantes a la existencia de los individuos de la sociedad que componen a ese mundo.

Por empezar, no hay una sociedad mundial. Muchas veces, ni siquiera hay una sociedad que identifiqué a una misma nación. Dentro de una misma nación coexisten diferentes sociedades, cada una determinada por factores culturales que los une en esa afinidad de valores comunes.

Pero la fragmentación es cada vez mayor, ya que dentro de una misma cultura se establecen diferenciaciones cada vez más importantes, partiendo de uno u otro aspecto de aquella cultura que unía a todos los miembros de la misma. Si vemos que hoy en día se enfrentan musulmanes entre sí por pertenecer a distintos caminos de vivir su religiosidad, no son una excepción las naciones que se mantuvieron unidas durante siglos y que ahora comienzan a reflotar elementos de culturas primarias, muchas anteriores a la unión o federación que los terminó reuniendo en una sola nación. Se han revalorizado los dialectos, en muchos casos se han recuperado los idiomas originales, se retomaron costumbres y tradiciones locales o regionales.

Esto determina mucho del ser individual de cada uno. Estamos fuertemente determinados por el grupo cultural del que provenimos.

Sin embargo hay individuos que logran tener en mente la totalidad o al menos grandes partes de aquello que hace de todos nosotros una misma cosa: ser humano. Somos seres humanos antes que miembros de una tendencia religiosa dentro de una misma religión, como somos seres humanos antes que miembros de una colectividad determinada por tradiciones costumbres y ritos.

Lo que se ha dado en llamar *ciudadano del mundo*, se da realmente en muy pocos casos. Es notable como la inmensa mayoría de los seres humanos pueden vivir con bastante despreocupación la existencia de genocidios que se están dando en muchas partes del mundo, mientras nosotros seguimos nuestras rutinas habituales en el desconocimiento de esos hechos de deshumanización.

Aunque en estos procesos divisorios podemos rescatar un elemento que es el de tomar conciencia de una pertenencia caracterizada por tradiciones ancestrales, que finalmente determinan nuestra individualidad, también debemos decir que el ser humano está dotado de la capacidad de pensar, de transformar su realidad interior, liberarse de prejuicios, de ideas sobrevaloradas, de pautas mentales rígidas.

Por ese camino se llega a la respuesta de la pregunta hecha más arriba: ¿para qué sirvo?

Cada uno tendrá la libertad de elegir en que aplicara aquellas cosas para las que tiene más facilidad, y que hemos agrupado bajo el concepto de predisposición, talento y dotes.

Si lo aplica dentro del radio limitado de su comunidad más inmediata, ya está haciendo una contribución y tendrá lo que se suele llamar el sentimiento de realización. Este sentimiento es una realización en el doble sentido: por un lado ocurre algo en la realidad que hemos puesto en marcha cada uno de nosotros, solos o reunidos en un grupo. Y además hacemos real una inclinación, algo que no surge espontáneamente, como también hacemos reales la existencia de nuestras dotes, capacidades innatas y las facilidades que tenemos para hacer una u otra cosa.

El sólo hecho de hacer real algo que nos brota hacer, y que pone en juego nuestra capacidad facilitada por la dotación que traemos, por lo que hemos aprendido, y aquello en lo que nos estamos ejercitando, produce un sentimiento de eficacia. No somos solamente soñadores, también podemos realizar aquellos sueños, o al menos hacerlo en la parte que nos cabe a cada uno. De allí al sentimiento de autovaloración hay un pequeño paso, muchas veces basta el comentario de alguien que refleja nuestro actuar en términos de aprobación, alegría compartida por un logro común, el agradecimiento de quien recibe nuestro gesto, o lo que sea que nos hace tomar conciencia que acabamos de realizar algo de lo que somos capaces y que podremos repetir.

El ejercicio reiterado de nuestras capacidades nos va llevando al camino de la innovación y este camino está determinado de buena manera por el ingenio que todos poseemos, quien más quien menos. Y esto nos lleva al tema de la creatividad.

Muchas personas entienden que cuando se habla de creatividad se piensa en Einstein o Picasso, cuando en realidad el que inventó la milanesa fue un genio.

La creatividad depende más que nada de las inclinaciones y talentos personales con la gran variedad que existe para los mismos. Esos talentos son facilidades naturales que difieren de individuo en individuo. Las inclinaciones de cada ser humano son la expresión de un interés por conectar el interior con el exterior. Su expresión esta en una espontaneidad que está muy presente al nacer, si bien se expresará con mayor intensidad en algunas personas, mientras otras pueden tener menor efervescencia pero a la vez expresar su espontaneidad con mucha perseverancia. Estas características, los que tratan con bebés y niños pequeños las conocen como el **temperamento**, un concepto que se ha desarrollado mucho en el campo de la primera infancia. Muchas personas que observan un bebé suelen expresar algo parecido cuando dicen: "...¡ *qué carácter!...*". En realidad lo que llamamos carácter se desarrollará un poco más tarde en la vida, pero tendrá en cuenta en su formación al temperamento con el que venimos al mundo.

Creo que en este intento de acercarlos al tema que complementa a los dos elementos de una relación humana: el sujeto, y su otro, me ha llevado a muchas disquisiciones que quizás puedan haber cansado a algún lector o parecido insuficientes a otros.

De todos modos es un tema que tiene un principio pero todavía no se ve bien el final y probablemente nunca lo tenga. Siempre habrá algo para agregar.

Uno de los riesgos en este acercamiento a un tema que pertenece a diferentes disciplinas de las humanidades, es encontrar el lenguaje adecuado para que la mayor cantidad de lectores puedan aprovechar el texto.

Si bien vengo de la medicina, en particular de la psiquiatría y del psicoanálisis, desde hace 30 años he enfocado al ser humano desde el punto de vista del Desarrollo y centrado específicamente en su etapa inicial el desarrollo temprano. En este caso se corre el riesgo de entrar en terreno técnico y científico con lo cual algunos perderán interés por no estar familiarizados con ese lenguaje.

O- inversamente- que las referencias a dicha vida interior se tomen como algo relacionado con lo filosófico, lo místico, lo religioso o propio de la literatura o el cine. Cuando para mí, justamente la vida interior, era lo que más interés concitaba, pero no comprimido dentro de un molde teórico del tipo psicoanalítico clásico, donde la pulsión y la defensa son el centro del interés teórico-clínico. Incluso la Teoría Vincular, - o sea, aquel estudio de las relaciones interpersonales y su rol central en el psiquismo- y que es la que más se acerca a lo que puede considerarse la vida humana, tiene para mí la dificultad de considerar un solo canal, el que va del Objeto o Medio Ambiente al bebe. O sea, donde el sujeto es la resultante de sus intercambios con los demás. Aún en el caso de Winnicott -a quien tanto debo y a quien reconozco como quien más me influenció- que afirmó rotundamente *"No hay tal cosa como un bebe"* refiriéndose a que no hay un bebe si no hay además una mama. Eso me llevó a escribir un artículo con el título *"Existe tal cosa como un bebe"*.

Para resumir la controversia, o la dificultad de integrar miradas, digo que: sin un mínimo de Medio Ambiente no habrá desarrollo humano (aquél "niño lobo" de la India o aquel otro del sur de Francia ilustran esta afirmación). Pero al mismo tiempo, sin un mínimo de sujeto en estado emergente, no habrá mama que resista desarrollarse como tal.

Por último, la comprobación de una absoluta inflexibilidad en la mayoría de las disciplinas, que requirió años de esfuerzos para conseguir alguna integración inter- y transdisciplinarias, tal vez motivado por aquella observación de Freud en el sentido que el ser humano propendía a establecerse en un narcisismo de las pequeñas diferencias. Una sobrevaloración de una verdad parcial -como actitud defensiva de una imagen de sí mismo, sabedor de algo *especial*.

Advertencia: concluyo con una advertencia: puede parecer que me detengo en el DH **inicial**, y eso es así. Si le doy ese lugar, no exclusivo, como se verá, es porque determina mucho de lo que viene posteriormente. Solo las correcciones - siempre muy laboriosas-, ya sea por el camino de la Resiliencia en aquellos casos más graves y que tienen esta suerte en su desarrollo, o sea por un prolongado esfuerzo de trabajo psicoanalítico o psicoterapéutico, harán posible *Vivir una Vida Propia*.

Aquellos que desean adentrarse en la comprensión psicológica de las personas a las cuales asisten en diferentes roles profesionales, auxiliares o de voluntariado, se encuentran con un enjambre de términos que son explicados solo parcialmente. O lo son más detalladamente, pero requiriéndose para su comprensión una importante información previa y aun así se encuentran muchos obstáculos.

Una persona no es fácilmente explicada en términos de "aparatos" aunque ese aparato sea psíquico. Un médico puede ocuparse de aparatos, el digestivo o cardiovascular o respiratorio. Pero haría mal en limitarse de dicho modo, cuando quiere cumplir cabalmente con el rol de médico. Y esa es una queja frecuente de los pacientes: la súper especialización, conjugada con una visión limitada a un órgano o función parcial del todo.

Como ejemplo utilizo aquí el comentario hecho en una reunión social donde una persona mayor decidió no hacer uso de un especialista que debía intervenirlo quirúrgicamente diciendo textualmente lo siguiente: "... *en los 15 minutos de la entrevista nunca me miró a los ojos; o tenía la vista fijada en lo que escribía, cuando yo hablaba como respuesta a sus preguntas, o se limitó a mirar mi rodilla, dándome indicaciones de movimientos, o haciendo maniobras sobre la misma...*".

De todos modos a las personas no las asisten solo los médicos. Es más, en el caso de la infancia van quedando en franca minoría y en un rol complementario de otras funciones relacionadas con la crianza, los cuidados tempranos, los problemas del desarrollo humano en sus dos extremos, el comienzo y el final de la vida. A esto se suman la educación, el cuidado social o psicológico, el acompañamiento espiritual, social o de sostén en tantos grupos de voluntariado que ocupa en la Argentina al menos al 12-15% de la población adulta activa.

Aquellos que se acercan a otros seres humanos con el objetivo de facilitar, estimular, encauzar o acompañar el desarrollo personal desde el campo del cuidado, la prevención, la rehabilitación, la protección social, son cada vez más.

En una encuesta tomada a raíz de una Jornada sobre **Funciones Maternantes**[3] en 1990 se identificaron 23

---

[3] Término acuñado en aquella oportunidad para referirnos a funciones propias de una madre pero no necesariamente ejercidas por la misma. A la búsqueda de las esencias del cuidado materno, para tratar de

actividades diferentes en estos quehaceres del período inicial de la vida. Algunas no las habíamos escuchado nunca, en aquél entonces y hoy son más familiares al trabajo cotidiano en el campo social.

Desde entonces estos nuevos asistentes se deben haber multiplicado sustancialmente y bienvenidos sean, ya que la tarea de prevención, de cuidados, de rehabilitación, de acompañamiento, se incrementa a medida que se suman situaciones de marginación y carencias.

Pensando en este grupo tan variado de personas interesadas en aspectos del desarrollo humano, de la comprensión del funcionamiento psíquico, que buscan entender la multiplicad de comportamientos que presentan las personas en circunstancias tan diferentes entre sí, es que parece casi imposible hablar un lenguaje único o apuntar a un solo nivel de comprensión. La preparación previa difiere mucho entre personas que han buscado estudios universitarios de una determinada disciplina, llegando hasta el voluntariado que viniendo de muy distintos niveles, aún graduados universitarios que buscan ser solidarios mediante el acompañamiento social, psicológico o espiritual, junto con comadres o manzaneras son difíciles de abarcar en un texto único. En este texto será difícil reducir - admito que a mí me resulta difícil, en esta instancia- los conceptos a niveles comprensibles como para abarcar todo ese espectro. Queda para otro momento un esfuerzo explicativo más sencillo de conceptos todavía en proceso de elaboración hacia una simplificación suficiente como para poder expresarlos en términos coloquiales. Esto sí se da en los encuentros que tengo con personas que trabajan directamente en la población y al traerme sus dificultades me permiten encontrar formas explicativas de fenómenos complejos en

---

implantarlo en situaciones de sustitución forzada o en las de déficit propio de una madre incompleta.

términos de intercambio verbal, con las aclaraciones necesarias en el mismo momento de su enunciado.

De modo que cada uno tomará lo que le sirve y con el tiempo, releyendo o buscando en las recomendaciones de lecturas complementarias, ampliará progresivamente su capacidad de interpretación de los fenómenos que caracterizan las necesidades, dificultades, conductas y alteraciones de la vida interior de las personas.

Umberto Eco nos contaba en una Conferencia en el Teatro Coliseo en 1992 que la primera hora del día la dedicaba a decidir todo lo que *No* iba a hacer. Y que de ese modo disponía del tiempo necesario para seguir con sus intereses y desarrollos.

Este concepto lo bauticé **Fórmula de Eco**, en el sentido de contener una secuencia de evaluaciones (la información cotidiana no es factible de ser asimilada), ponderaciones (deberé excluir un cierto número o cantidad) y cálculos (dedico tantas [x] horas a la vida laboral, reflexiva y productiva, por lo que puedo decidir restringir el contacto con el torrente informativo a x-y), donde y es el tiempo que calculo para hacer mis cosas. Que culmina en una afirmación: *decido al iniciar la jornada limitar el número de horas a la exposición de la información* a x-y.

Su estrategia es una respuesta al asalto cotidiano a nuestra atención, generada por un torrente informativo interminable, en casi cualquier ámbito del quehacer profesional, científico y académico. Más allá de los otros torrentes que provienen de las radios, televisores, diarios y comentarios de compañeros, colegas y amigos.

Hoy por hoy tenemos que **hacernos un Espacio para existir**, por lo menos en forma suficiente como para garantizar la sobrevida de aquello que es nuestro núcleo íntimo del sentir, del experimentar, del experimentarnos, del comprendernos y de comprender a ese mundo efervescente de vínculos afectivos, relaciones laborales, compromisos productivos y toda la restante demanda externa.

Esto es de mucha importancia, por varias razones. No solo hace a la calidad de vida. No podremos prescindir de ese Espacio, del que nos ocuparemos en este texto, si deseamos poder construir nuestra capacidad creativa, desarrollando nuestras capacidades y talentos, y de ese modo constituirnos en contribuyentes al bien común. Al que podremos especificar según nuestras inclinaciones como: a) llegar a ser un buen ciudadano, b) ocupar nuestro Lugar en un tejido socioemocional particular como lo es la familia, c) desarrollar productiva y eficientemente nuestras ocupaciones que habremos elegido y desarrollado con respeto por nuestras inclinaciones naturales y más espontáneas .

Lo cual implica ya un logro evolutivo que no depende solo de cada uno y que incluye sus circunstancias, donde jugaron un rol significativo aquéllos que nos precedieron: la Sociedad en la que nacimos, la Familia que nos crió, el sistema Educativo al que fuimos entregados, la realidad sociopolítica que conformó el encuadre de nuestro ingreso en la Sociedad al culminar la etapa inicial de nuestra formación personal como seres humanos específicos.

Aquí se hace necesario explicar algunos de estos conceptos que son una condensación de muchas conceptualizaciones que se fueron construyendo en el estudio del **Desarrollo Humano**, una nueva Ciencia o Disciplina, que se ocupa justamente de los detalles de este proceso, al cual durante cientos o miles de generaciones se lo dejó librado -en su mayor parte- a los usos y costumbres de cada época.

El ser humano, fue considerado al nacer, una "hoja en blanco", aquello que se llamó *tabula rasa"* durante siglos (Locke, John; Berkeley. Hume. D., 1960). Sí jugaban un importante rol las teorías genéticas. La genética es un desarrollo reciente, posterior a las teorías de la evolución, que fueron iniciadas por Lamarck (Jean Baptiste) y contundentemente confirmadas por investigaciones de Darwin en su publicación histórica, *La evolución de las Especies.* Tanto la evolución, en sus inicios por Lamarck como en las comprobaciones de Darwin, tanto como la genética de Mendel, son teorías puramente biológicas, donde se demuestra la influencia de factores y fuerzas determinantes del comportamiento, de las características personales y disposiciones a determinadas dolencias que son transmitidas de generación en generación. Recién en los últimos 40 años los estudios de genética moderna, aportaron una relativización de muchos de los principios de la genética tradicional, introduciendo el factor ambiental como un **desencadenante** de las disposiciones transmitidas. De todos modos este avance se limita más a la comprensión del intercambio ambiental-genético en ciertos trastornos del desarrollo emocional, intelectual, social y del comportamiento. Las leyes del color del pelo, de los ojos, de la calvicie, de enfermedades muy determinadas por la composición de los genes familiares, permanecen aún ligadas predominantemente a las fórmulas descriptas por Mendel.

Solo en los últimos 60 años se fueron agregando conocimientos sustanciales a esa etapa del DH (abreviaremos así la idea del Desarrollo Humano). De eso podremos tratar algunos temas necesarios para la comprensión de aquello que propongo dilucidar en este texto: a qué nos referimos cuando hablamos de Uno (*"uno" no puede hacer todo a la vez...eso es algo que a "uno" le cae mal...*). Aquí **Uno** es una referencia a uno mismo, a aquello que vivimos como nuestro Ser, lo que sentimos, creemos o pensamos que somos.

Si bien estas referencias al Sujeto, al sí-mismo, nacieron originalmente en el campo Psi del concepto alemán usado por Freud del *Selbst,* se popularizó luego en los desarrollos de algunos psicoanalistas anglosajones (por nacimiento o por residencia) como el *Self*.

Sin embargo, aún en la década del 80, analistas tan prominentes como Michael Basch del grupo de Kohut, insistían en que no debía homologarse el concepto de Self con el de la persona (Basch, 1988).

Esta dificultad sigue hasta el presente, ya que tanto el psicoanálisis como en general las ciencias Psi están muy influenciadas por el orden positivista de la concepción científica de las mismas. Habiendo corrientes que prefieren considerarse parte de las Humanidades, no se ha logrado un equilibrio y solo hay un recíproco ignorarse, en los desarrollos de ambas corrientes.

De ese modo, la corriente cientificista ha evitado entrar en los temas del orden existencial, considerándolas parte de otras disciplinas como la filosofía o las religiones y las "excursiones" de sus miembros a esos campos son poco apreciadas. Dentro de esta corriente hubo un fuerte acercamiento a los desarrollos neurobiológicos, incluyendo el nuevo campo de la interdependencia entre lo neurológico, lo endócrino, el sistema inmunológico en relación con el psiquismo. Esta asociación permitió describir muchos mecanismos de funciones psíquicas y de sus desórdenes. Pero no se encuentran en estos desarrollos referencias a las personas y sus situaciones existenciales en las diferentes etapas del DH.

De esa forma, el Self, o en castellano, el *sí-mismo*, o el coloquial *Uno Mismo,* fueron arrimando elementos por otras vías que las científicas. Desde la clínica, la observación de bebes y sus interacciones con sus Ambiente Cuidador, las progresivas teorizaciones surgidas de los trastornos clínicos más profundos con los cuales Freud no se metió y pasaron muchos años hasta que se desplegara una clínica de las psicosis y estados limítrofes.

Desde otros rincones, el arte en su diferentes expresiones, mostro un ser humano fragmentado y más que conflictuado desprovisto de una integración de sus diferentes aspectos, muchas veces difícilmente reconciliables. Eso en la pintura se expresó a partir de las corrientes del cubismo, con su pérdida de la perspectiva y profundidad, con una representación en dos planos, la aparición de fragmentos del cuerpo en distintas partes del cuadro y en el caso de los objetos o lugares un corrimiento de la visión representativa y un esfuerzo de transmitir un clima de desorganización y visiones parciales. El uso de distintos materiales en los collages, agrega a esta multiplicidad de formas. Son verdaderos ensamblajes, una visión precursora de la mezcla de aspectos normales, neuróticos y psicóticos en el psiquismo moderno.

Tanto Winnicott como Kohut hacen un énfasis muy grande en la capacidad de los artistas de anunciar los cambios que vivirán los seres humanos y por consiguiente las modificaciones en los esquemas de aquello que es "normal" y lo que es considerado "patológico". A la vez que la paleta de tonalidades de la patología grave toma una amplitud de coloridos muy diversos, se van borrando en cierto modo los límites entre la supuesta o esperable "normalidad" y las manifestaciones de diversos sufrimientos.

La música, muy estudiada especialmente por Heinz Kohut en cuanto a su relación con la modernidad y su sentido como expresión de procesos sociales y psicológicos, pierde la armonía tradicional, volviéndose más disonante, estridente, alarmante, resemblando lamentos y sufrimientos, en correspondencia con guerras y matanzas nunca vistas, revoluciones sociopolíticas y culturales en pocos años y con enormes costos personales.

En la literatura -el elemento del cual más haré uso- muestra la vida psíquica desde el interior del sujeto mismo, con sus reflexiones sobre sí y el Otro, las relaciones entre el sujeto y los otros en general, con el mundo y con la vida. La introspección y la reflexión acerca de los procesos vivenciales de uno mismo, son el camino que abre desde la literatura el campo a la exploración del sujeto por el sujeto mismo.

Autores como Winnicott, Kohut, Stern, M. Kahn, H. Guntrip, y otros más alejados de las corrientes psicoanalíticas como C.G. Jung, o las corrientes existencialistas, acumularon desarrollos conceptuales de esta noción de un Sujeto, de algo/alguien que experimenta y procesa, que inicia y decide acciones por sus propios medios, que tiene una voluntad propia.

Esto, que ha dado en llamarse **función de Agencia**, tiene que ver con la capacidad atribuida a las personas de tomar decisiones por sí y manifestarse de este modo en el mundo. La palabra agencia ha quedado en el lenguaje coloquial tan asociada a la función de un servicio prestado por otros, que cuesta volver a su significado original en la filosofía, ya que ha quedado desplazado por su nueva acepción en el campo económico.

Por eso prefiero una definición de Kohut: *centro de iniciativas, de decisiones y de una voluntad propia*, cuando define la función del Self en un artículo conjunto con E. Wolf (Kohut & Wolf, Los trastornos del Self y su tratamiento, 1979).

Este texto se limitará en lo posible a explicar el lado del Sujeto, como una forma de equilibrar las muy difundidas teorías de las Relaciones Objetales, el centramiento en el Objeto (de los deseos, de las pulsiones, del aseguramiento), las Vinculares, las del Apego, las Interaccionales, Sistémicas y tantas otras.

En otra publicación, provisoriamente llamada **Ser en el Mundo,** intentaré completar la visión integradora entre Sujeto y Medio, indivisibles a no ser por una necesidad didáctica de comenzar por un cierto punto, para luego incluir el otro. Si elegí hacer esta división es por dos motivos, primero que el Ser individual ha quedado relegado en los desarrollos y escritos; segundo por el deseo de brindar aspectos que se puedan abarcar en un escrito corto, sencillo y auxiliar de otros textos.

Con esto hago una referencia al formato de **Monografías CIAD[4]**, que presento como un medio de comunicación de temas circunscriptos a un aspecto de la vida humana, interior, exterior, de relación con el afuera y de relación con el adentro. Si acepto "particionar" de este modo al ser humano es porque no creo que exista un formato de clase, texto o representación que pueda incluir simultáneamente todos los aspectos involucrados. Eso no lo logran ni siquiera los más grandes artistas, aunque sí reconozco que pueden acumular en una misma obra una multiplicidad enorme de elementos que hacen a la vida humana. Hecho que llevó a Schopenhauer a decir que si una persona se conforma con leer en profundidad un solo libro de la gran literatura universal, y repite esta lectura cada tantos años, no necesita leer otra cosa.

Hay personas que hacen eso con la Biblia, con el Talmud, el Corán, o el Bhagavad Gita llamando cada uno a ese texto el Gran Libro, o el Libro de la Vida. Ninguno habla de aparatos, de sistemas, y sí de lo interior, de la relación con ese interior, de su cultivo y

---

[4] Se accede a través de nuestra página web:

www.primerainfancia.com.ar / www.primerainfancia.net /

www.semanadelainfancia.net

desarrollo, así como del amor, del respeto, del cuidado, de la compasión.

RESUMEN

Creo en el ser humano como una persona.

Esta afirmación parece una verdad de Perogrullo, una perogrullada[5]. Sin embargo, tuve que luchar para poder encontrar en la profesión que elegí el camino para aproximarme al ser humano, las explicaciones de la **persona** como un **ser humano**.

Quizás debiera haber elegido la literatura, el teatro o el cine. Porqué allí sí encuentro los esfuerzos de los autores para acercarnos su comprensión de la vida por medio de la tragedia, la comedia, la farsa, la mímica, el baile, la gestualidad. Es en esos canales donde podemos toparnos con las comunicaciones más sublimes de ciertos estados de nuestro propio ánimo, en las características de cierto personaje literario o en una escena del teatro o el cine.

Ni hablar de la música o las variantes de las artes plásticas, que, como la poesía, nos hacen vivir ciertas cosas que están más allá de la palabra, o anteriores a la misma. Eso que hemos vivido y que nos llama desde la nostalgia, el recuerdo cargado e intenso, una imagen pasajera. A veces basta una aroma para evocar una situación de mucha carga afectiva. Es en este campo donde se habla de los sentimientos y las pasiones con una riqueza como sólo se encuentra en las artes en general.

---

[5] ¿Usted sabe lo que es una perogrullada? Quise entender el término tan usado y encontré lo siguiente: En el Diccionario de la Real Academia Española (DRAE) la perogrullada se define como «verdad o certeza que, por notoriamente sabida, es necedad o simpleza decirla». Pero también se suele atribuir un tinte de sabiduría a las supuestas perogrullada las que no serían tales.

Porque así como nos regocijamos diariamente con la caricatura política del día, también podemos estremecernos hasta lo más profundo ante el dibujo despiadado de una fuerte crisis social representada en los trazos de lápiz de una artista como Kete Kolwitz, o el recientemente descubierto Bruno Schulz.

Concluyo con una frase de Levy Strauss, en la entrevista grabada[6] que fuera hecha en los últimos años de su vida para *Levy Strauss, par lui méme:*

"...La única esperanza de la Humanidad es que cada uno de nosotros preserve en su Ser más íntimo la conciencia que todo Ser es viviente y sufriente-antes que pensante-. Y si nos identificamos profundamente con ese principio, todo Humano tiene derecho a la más profunda conmiseración..."

---

[6] (Minuto 26 y ss) (Catherine Clément, 2008, Arte France Developpment). De las entrevistas.

❦

"El lector deberá colaborar en su propia medida con el texto. No he desarrollado todas las ideas que se desprenden del tema. Hay reflexiones para hacer, a partir de diferentes párrafos que dan un punto de partida para seguir pensando."

∽III∽
Algunas Formas De Ser?

"...Quien hace lo suyo pronto vería que la primera lección consiste en reconocer qué es y qué le corresponde. Quien se reconoce a sí mismo, ya no aceptara lo ajeno como propio. Sobre todo se amará a sí mismo y continuará así con su desarrollo..."

Michel de Montaigne
(Montaigne, 1998) *Tomo I, p.24. (escrito en 1560)*

Habla para sí misma; es una mujer de treinta y algo de años. *(Johan, el marido la acaba de abandonar por otra mujer, en forma bastante brutal, sorpresiva y sin ningún tiempo de elaboración, de una noche a la siguiente mañana).*

Está en su habitación, revuelve en una caja con fotos, y tiene en su escritorio un Diario Personal, en el cual hace algunas anotaciones:

Ayer fui atacada por un hambre de vida, muy intenso y poderoso. Por primera vez en este año sentí un fuerte entusiasmo, deseosa de saber que me traía el nuevo día.- Toma una foto del colegio primario- Me pareció descubrir algo que se me había escapado hasta ese momento. Para mi gran sorpresa debo admitir que no sé quién soy. No tengo la más remota idea. Siempre hice lo que me ordenaron.

Desde que tengo memoria, recuerdo haber sido obediente y bien adaptada; casi dócil, pero sometida. Una o dos veces siendo niña, me puse firme –haciendo mi propia voluntad- (se ve en una foto una niña con una ardilla tomada de la cola, colgando, no se sabe si muerta o solo aterrorizada), pero mama castigaba toda trasgresión a las convenciones con severidad ejemplar.

Toda la crianza que recibimos mis hermanas y yo apuntaba a que fuésemos agradables.

Yo era fea y desagradable (hay una foto de adolescente, gris, apagada, con poca gracia como una bolsa de papas), cosa que se encargaban de remarcar constantemente.

Más adelante me di cuenta que si guardaba lo que pensaba para mí y me comportaba de manera predecible y trataba de congraciarme en todo, mi comportamiento lograba recompensas.

La decepción más brutal la sufrí en la pubertad. Todos mis pensamientos, acciones y sentimientos giraban alrededor del sexo. Pero nunca hable de ello con mis padres (foto en una playa con los pechos desnudos pero cubiertos por los brazos). Tampoco lo hable con nadie para el caso.

Me volví secreta y tenía un juego de engaños intencionalmente planificados. Mi padre quería que siguiera sus pasos y que fuese abogada. Yo dejaba caer algunos comentarios en el sentido de ser actriz o hacer algo en el mundo del teatro. Pero ellos se burlaban de mí. Desde entonces sigo fingiendo, tanto en mi relación con los otros como con los muchachos. Siempre armando algún tipo de rol como para agradar.

Tuve un casamiento anterior al que tuve con Johan. Pero yo nunca consideraba qué era lo que yo quería, solo me preocupaba qué era lo que él quería de mí. Y eso no es falto de egoísmo. Es simple y llanamente cobardía. Peor todavía, proviene de mi total ignorancia de quién soy yo.

Nunca llevé una vida dramática. No tengo dotes para eso.

Pero ahora, por primera vez me siento muy excitada pensando en las posibilidades de descubrir que es lo que exactamente quiero de la vida. En ese mundo ideal que vivíamos con Johan, en el cual todo lo tomábamos por merecido, hay una crueldad y brutalidad implícita. Las trampas de la seguridad vienen a un precio muy elevado: la constante erosión de tu personalidad.

Es tan simple muy al comienzo de la vida de aplastar la autoafirmación de un niño pequeño (foto de una beba de 6 meses en el regazo materno). En mi caso se efectuó con inyecciones de un veneno 100 x 100 efectivo:

Culpa

Primero, respecto de mi madre, y luego hacia Jesús y Dios Padre.((Foto de una chica de 3-4 años, con mirada baja, medio tristona, comisuras descendidas, boca entreabierta, otra foto de chica que abraza a Santa Claus, misma cara, misma lengua, mismo gorro).

De un pantallazo comprendí la persona que debiera haber sido de no haber permitido que me lavaran el cerebro y me pregunto si estoy perdida, sin esperanza alguna. Si acaso el potencial de felicidad innato en mi estará muerto o si solo yace dormido y podrá ser despertado.

Me pregunto qué clase de mujer y esposa hubiese sido de haber podido emplear mis recursos tal como estaban diseñados en mi. ¿Acaso Johan y yo nos hubiésemos casado en ese caso?[7]

ক্ষ

Acompañamos a Mariana, que hace el proceso de una joven mujer quien comienza a elaborar sus posibilidades luego de ser abandonada repentinamente por su esposo.

---

[7] Tomado del *"Diario de Marianne"*, Capítulo IV, Serie Televisiva de "Escenas de un Matrimonio", Marianne´s Diary: Scenes from a Marriage, Ingmar Bergman,1973/74, Television Format, 260 minutes, in six Acts, The Criterion Collection, www.criterionco.com

Mariana hace este proceso en forma de lecturas y registros en un Diario Personal, recurso muy corriente en otras épocas y aún hoy en personas que transitan situaciones excepcionales.

El Diario es de un grado de intimidad tal que se suele regalar con una llave que lo cierra, o es guardado bajo llave. Su lectura por parte de un adulto, especialmente la madre, suele ser vivido como un ultraje a esa intimidad y la madre suele ser mostrada como "intrusiva".

En este caso, Mariana trata de elaborar su separación (se la muestra como que fue sufrida pasivamente, una decisión que aparece como no elegida por ella). En sus reflexiones piensa en sus posibilidades de llegar a *"ser ella misma"* y no ya, *"lo que el otro desea de ella, que es para lo que la educaron"*.

Es probable que su participación en la separación haya sido justamente su sometimiento a los deseos, o sea a la falta de un deseo propio.

Parecería que un **Otro sin deseos**, no es una compañía tolerable, en este caso para el marido que termina eligiendo a otra mujer. Puede servirle quizá a alguien con una necesidad de sometimiento total de su pareja, hombre o mujer, pero en ese caso ya no estamos hablando de una pareja sana.

De modo que no tener deseos propios, de estar siempre dispuesto al deseo del Otro sin nunca negociar el propio deseo con el partenaire, no es una buena disposición para formar una pareja.

La misma palabra "pareja" parece indicar una cierta distribución equitativa de cargas y beneficios, de aportes y deducciones, de maneras de ser aproximadamente compatibles, o sea algo **parejo**.

La mujer logra enlazar mentalmente esta forma de ser de ella con su educación más temprana. Su madre fomentaba la obediencia estricta y usaba para ello de la culpa, un instrumento poderoso a nivel psicológico. Es raro encontrar alguien que no lo haya vivido en sí mismo o en otros seres cercanos. Cuando ya no basta con mostrarse como progenitor abrumado por el *" tu mal comportamiento que tanto daño me hace"* se acude a una instancia superior, incluyendo figuras de la religión, a quienes se estaría dañando con un comportamiento desobediente.

El lavado de cerebro, al que se refiere esta persona en sus monólogos y en la indagación de su pasado, surge de ir recuperando el recuerdo de la forma de haber sido criada.

Ese lavado de cerebro del cual se habló mucho como una estrategia de "inteligencia" aplicada a prisioneros de guerra, o a las víctimas de la persecución en regímenes totalitarios ¿en qué consiste?

 Específicamente es una destrucción,- también se lo puede llamar deconstrucción en forma más "técnica"- del **modo de ser**, de la personalidad. Veremos si podemos entonces en los próximos capítulos aclarar cuáles son las relaciones entre estas diferentes referencias a **lo que uno es, lo que uno se siente ser, lo que le permite a uno mismo re-conocerse como lo que es**.

Pensamos que en el caso de esta mujer que es llevada por una crisis existencial -el abandono por parte del marido- a una auto-reflexión prolongada o profunda, se produce un **descubrimiento**: fue educada de manera conformista, sumisa, complaciente y aprendió a acatar; primero acataba órdenes, "educación", y luego eso parece haberse transformado en una modo *complaciente* en el trato con los otros.

Ser "bien educado" en este contexto es una falsedad conceptual. La educación no puede ser un método de sometimiento de los menos dotados en recursos defensivos contra las autoridades de todo tipo. Si bien es normal escuchar que **educación es formación**, es tan solo otro concepto poco específico aunque suena bien, pero no aclara mucho.

Es por tu propio bien, es una forma de racionalizar muchos abusos en el ejercicio de la autoridad y de la asimetría de poder existente entre los adultos y los niños.

Hay que aclarar que los adultos abusadores de su autoridad no necesariamente han elegido ser lo que son. Es la forma en que fueron educados, la cultura a la que pertenecen, el grupo social del que forman parte. Hay dentro de la organización social diferentes modos de educación, donde por ejemplo, en las clases más altas y tradicionales se pone mucho énfasis justamente en las tradiciones pasadas de generación en generación. Parte de dichas tradiciones son por ejemplo lo que se designa como "guardar las formas". Entran en esta categoría una serie de modos de tratarse socialmente, reglas de cómo se sirve y toma las comidas, de cómo se intercambian los saludos, del trato de los menores hacia los mayores. Y las "*buenas costumbres y modales*" un conjunto de reglas que solo se develan indirectamente y que no se discuten.

Obviamente estoy hablando de algo "pasado de moda". O así parece al menos, en todo caso muy atenuado por una serie de reacciones a dichos esquemas demasiado rígidos y por momentos considerados hipócritas, al descubrirse que existe el "*haz lo que digo y no lo que hago*".

Sin embargo para las generaciones mayores entre nosotros, *los viejos* o no tan viejos, sobreviven recuerdos de aquéllas remotas épocas, ya sea por haberlas vivido o escuchado de otros. Parecen más remotas por la velocidad de los cambios que por el tiempo real transcurrido.

El problema surge cuando las formas superan con violencia los contenidos. A menudo me sorprendió la costumbre de algunas madres de insistir, a veces con un pellizco, en formular: "*decile gracias a la Señora*" y la "criatura" entre retorcijones murmura un "*muchas gracias*", con la mirada al piso. No estaría mal si esperamos a que surja el verdadero o genuino agradecimiento, a veces en un brillo en los ojos, una tímida sonrisa, o una mirada de felicidad ante lo recibido. En ese caso podemos contribuir con una formulación del estado de agradecimiento que claramente señaliza con sus expresiones el chico y ayudarle a poder expresarlo con una sencilla frase, o una simple palabra: *gracias!*

Podemos decir que la educación en casa, la que determina aquello que se designa como crianza está condicionada por una serie de factores, de los cuales el aporte personal de madre y padre está dado por sus deseos más íntimos respecto a su hij@s[8], ligado a sus propias infancias, a sus deseos insatisfechos y que se deberán cumplir en la descendencia. Ideales y ambiciones no logradas que se depositan en los herederos, como una pesada carga.

En esta mujer que reflexiona sobre su devenir, su llegar a ser lo que terminó siendo y que se propone cambiar, auspiciosamente energizada por una fuerza que la lleva finalmente a poder hacer lo que quiera; siempre y cuando lo descubra.

De chica, creía saberlo: **ser actriz**, tener que ver con el mundo del espectáculo. Pero el papa ya había decidido por ella y ella cumplió, fue abogada.

---

[8] Como una forma de olvidar incluir ambos géneros en esa combinación de terminaciones en O y A con una barra elegí el signo@ que permite la interpretación de una y otra de las vocales correspondientes a cada uno de los géneros. Espero contar con la aceptación del lector.

La obediencia debida, una frase que se hizo tristemente célebre entre nosotros en la Argentina, ha sido desde hace muchas décadas un tema de discusión y desacuerdos. ¿Tenían los oficiales de la temida SS del nazismo la necesidad de cumplir órdenes en temas de exterminio masivo, a cambio de la promesa de un "mundo mejor"? Un terrorista suicida, ¿Cumple por la promesa religiosa de un paraíso prematuro y asegurado, con el adicional de un número grande de "vírgenes" a su disposición? Y no creo que lo esperen para rezar juntos.

¿Qué clase de valores nos mueven a la obediencia a personas de liderazgo? O a los padres, durante la crianza.

En el período infantil, claramente lo temido es el retiro del amor y la amenaza de "*No te quiero más si no te portás bien*" es un latiguillo común en mamas con pocos recursos personales para negociar temas de la crianza.

O deberíamos preguntarnos: ¿Qué clase de personas son propensas a un acatamiento sumiso, o parcialmente ideologizado, o simplemente fanatizado?

¿Qué es el fanatismo y qué lo diferencia del acatamiento sumiso y que nos hacen estas actitudes a nosotros mismos como personas?

La persona de la que hablamos o cuyas reflexiones transcribimos en el inicio, ¿Podemos decir que es un caso aislado?

Pero Mariana hace muchas más reflexiones: se vuelve un persona que guarda en secreto sus pensamientos más íntimos y luego representa ante los demás, lo que cree que esos Otros esperan de ella. De ahí su fantasía de ir al mundo del espectáculo en sus sueños de un futuro.

Es decir, cubre su verdadero sentir con una apariencia que es variable, ya que la adapta al interlocutor del momento. A esto se refiere Donald

Winnicott[9] con su designación de falso self, o sea falso Ser, un mecanismo protector de un núcleo verdadero que debe ser ocultado por ser censurado. Y todo lo que se oculta brega por salir en algún momento.

Cuando no irrumpe súbita e imprevistamente en la vida de una persona, produce otro tipo de complicaciones. Las dos más frecuentes son **primero** las numerosas dolencias o malestares, aquellos trastornos que los médicos dieron en llamar "funcionales". Se trata de complicaciones de funcionamientos de aparatos, en especial el digestivo y el respiratorio. Así aparecen, desde la rinitis alérgica hasta el asma grave, o desde la "mala digestión" hasta la úlcera perforada. En el sistema cardiovascular se va de la simple crisis de "baja presión" (algo que suena a quedar desinflado, ¿no?) hasta las hipertensiones graves que pueden culminar en los accidentes cerebrovasculares o en el infarto de miocardio.

De eso hablaba en la Argentina David Liberman cuando decía que había *pacientes sobre-adaptados que somatizaban.*

El segundo camino suele ser un miedo al derrumbe, la fantasía basada en el sentimiento de "**no doy más**". Por lo que he podido ver en mis años de clínica psicoterapéutica, hay una modalidad más "aggiornada", más moderna: el ataque de pánico. Consiste en un súbito impedimento para seguir en una determinada situación: un ascensor, un avión, el tráfico congestionado, o se da

---

[9] Pediatra y psicoanalista inglés (1899-1974), fundador de un campo teórico- clínico que toma una visión más integral del psiquismo, en tanto más que "aparato" o "mente". Su gran aporte fue la consolidación de una visión más amplia en tanto **individuo unido a su entorno**, indisolublemente. Una frase suya es: *No hay tal cosa como un bebe* (sin una mama).

como un cuadro de "descompostura" en todo tipo de reuniones que le resultan al sujeto en cuestión claramente insoportables. La descompostura es muy variable, desde mareos, vértigo, transpiración, taquicardia, todo acompañado de mucha angustia y desesperación. Hay momentos en los que los pacientes experimentan la sensación de muerte inminente; este síntoma es el más claro, la muerte que se avecina es la del personaje que se está representando y no del sujeto en sí. Hay una variante nocturna, el ataque de terror nocturno, que cursa con síntomas muy intensos en el área de taquicardias, no "tener aire", mucha transpiración, sentir el peligro de la muerte inmediata.

RESUMEN

Mariana, es un personaje de la ficción, pero bien podría ser cualquier amiga nuestra con una historia muy similar, o también alguno de nosotros. Muchos autores del campo Psi se apoyaron siempre en la literatura y en las artes en general, afirmando que los artistas se suelen adelantar a los descubrimientos que hacen las ciencias Psi en una o dos generaciones. Tendremos amplias oportunidades de dar ejemplos de esta predicción de los artistas.

Mariana no pasa por su primera separación, hay una repetición de un fenómeno doloroso en relativamente pocos años de vida adulta.

Ante el evento aparece una sucesión de recuerdos y de observaciones, usando algunos elementos auxiliares: un diario para registrar lo que piensa, una caja de fotos de su pasado, y más que nada, tiempo dedicado a la tarea. No se zambulle impulsivamente en nuevos quehaceres para tapar lo ocurrido.

Descubre que no sabe quién es. Además, que no sabe lo que quiere. Pero descubre que quiere saber lo que quiere y quien es.

En esto le ayuda el hecho de sentir una nueva energía, "hambre de vida". De vida propia podríamos decir, de deseos propios.

Establece un correlato entre sus padecimientos y la forma en que fue educada, criada, en un acatamiento sumiso a una madre "fuerte" y aprendió a ocultar su verdadero sentir y parecer, recubriéndolo de un personaje al que representaba con el fin de no tener conflictos, peleas y problemas en su vida doméstica. Dice que aprende a mentir, en especial sobre su desarrollo adolescente y no solo con la familia, con los muchachos también.

Ese tipo de relación lo traslada a los matrimonios, uno y otro.

Nos hacemos preguntas sobre la naturaleza de la crianza y de la educación, a que deben apuntar, cuanto de lo que trae el propio "educando" hay que tener en cuenta, y cuanto hay que ya está pre-programado para ese nuevo ser. No solo en los padres, en el sistema educativo también.

¿Y con que se encuentran los actos de impulso propio? Con la severa modalidad de la madre en cuanto a sus reglas de no transgredir.

¿Y qué les puede pasar a estas personas que suprimen un ser incipiente, aún no formado? Deben ocultarlo bajo una apariencia de algo que no son, pero que es aceptado.

¿Y eso les da buenos resultados? Aparentemente no, y los inconvenientes pueden ser en cuanto a la propia salud (somatizaciones), miedo a no "aguantar" (derrumbe); matrimonios que no prosperan, desarrollos personales que no se dieron (y muchas veces eso es un fuerte impedimento para el cambio: ¿No será "tarde"?).

Veamos qué más podemos agregar en materia de observaciones:

Segundo Ejemplo

Duffy [10] tenía hábitos absolutamente rígidos en horarios, costumbres, alimentación, ocupación del espacio de tiempo libre. No tenía relaciones sociales de ningún tipo. Solo visitaba para Navidad a sus familiares y acompañaba al féretro en un entierro del familiar que ocasionalmente moría. ..." *Llevaba a cabo estos dos deberes sociales en honor a la dignidad ancestral"*... (pag.104).Respecto a su trabajo, imagina algunas veces que podría robar en el banco en el que tiene su empleo, si se diera la oportunidad. Pero como la oportunidad no aparece, *su vida continúa su rumbo, sin sobresaltos, sin aventura*. Hasta que en una ocasión conoce una señora, sentada con su hija al lado de él en un auditorio. Terminan entablando una conversación y de ahí se va construyendo una relación, más por oportunidades que brinda la Señora y que van generando en Duffy la posibilidad de formularse un acercamiento. La señora estaba casada con un marino, el Capitán Sínico *(..." quien había borrado a su esposa de su elenco de placeres"*...) y así se vuelve la representación del cinismo (su apellido, con un cambio de una sola letra): tener una esposa para cuidar la casa y la hija, y los placeres tenerlos "afuera".

En los encuentros que se sucedieron, Duffy [11] fue comentando asuntos de su vida personal. Ella lo

---

[10] Tomado de la obra de James Joyce,.-, pag. 104; las partes son traducidas libremente por el autor de la edición inglesa "Dubliners", Penguin Popular Classics, London 1996. En español: Dublinenses, Ed. Lumen, Barcelona, 1993, 5ª Edición

[11] Quizá valga la pena aclarar que hay un juego metafórico en la elección del nombre , ya que suena muy parecido a Gruffy, que alude a rasgos de persona malhumorada, áspera, tosca. Incluso en las

escuchaba y comenzó a admirarlo, sugiriendo que escribiese sus ideas. Duffy se sintió halagado pensando que tomaba una estatura angelical.

A medida que los encuentros se sucedían Duffy encontró que los mismos lo exaltaban, limaban sus asperezas y llenaban de emocionalidad su vida mental. Escuchaba su propia voz como la de un extraño (*gruffy voice, también significa voz áspera, ronca, propia de quienes hablan poco y suelen aclararse la garganta antes de pronunciar unas pocas palabras*). Indefectiblemente terminaba repitiendo que la soledad del alma no tenía remedio. Al final de uno de estos discursos, la señora, visiblemente emocionada tomó la mano de Duffy y la puso sobre su mejilla.

La reacción de Duffy fue muy fuerte. Se desilusionó con la señora Sínico; había sido malinterpretado. O bien su "castidad" había sido mancillada o, dicho de otro modo, reaccionó con indignación a la perforación de la coraza protectora[12]. Dejó de verla por un tiempo, luego la citó y le declaró la imposibilidad de continuar con esta relación. Retomó la rutina que lo calmaba y el orden que reflejaba su mente en su ambientación del cuarto que habitaba.

La aventura de salirse de su pequeño mundo circunscripto a rutinas y hábitos repetidos rigurosamente había terminado. Incluso su mundo de fantasías ocasionales de transgresiones, como robar en el banco que trabajaba no distraían ya su mente ordenada rigurosamente como su hábitat y su vida.

---

acepciones lunfardas modernas es alguien que esta "reventado", es un "jodido" o también "inutilizado-terminado".

[12] Habrá quienes recuerden al respecto aquella obra "El caballero de la armadura oxidada".

Transcurrieron cuatro años y en el periódico que acompañaba su cena encontró la historia de la muerte de la señora del capitán Sínico, atropellada por una locomotora al salir de la estación. El relato de la crónica hacía referencias a un hábito alcohólico de la víctima como posible causa, además de sospecharse un suicidio, por la poca velocidad del tren a la salida de la estación.

¡Como se había podido engañar tanto respecto de la Sra. Sínico, que había caído en el hábito del alcoholismo, incapaz de afrontar la vida. ¡Un alma desordenada! Esas son las reflexiones de Duffy, entre indignado y asqueado.

Sale y camina sin rumbo. No encuentra la paz necesaria para ir a dormirse a su cuarto. Recorre el suburbio, toma unas bebidas en un bar. Evoca los recuerdos de sus encuentros y descubre que ella ya no vivirá, no podrán volver a verse. Imagina la soledad de ella, en su habitación, esperando la muerte. Tan sola ella como lo estaría él de aquí en más hasta que le llegase su propia hora. Y sin nadie para recordarlo.

Camina hasta el parque donde anunció la ruptura, en la oscuridad hay parejas haciendo el amor. Comienza a sentir que ella está cerca, que su voz llega hasta sus oídos, que su mano toma la suya.

¿Por qué le había negado la vida, porque la condenó? **Su "existencia moral" se hacía[13] pedazos.** Alguien había amado a Duffy pero él había negado ese amor.

Cuando finalmente regresa del parque busca evocar las imágenes, los roces de las manos, los sonidos de sus voces. Silencio,..."***sintió que se había quedado solo***"...

Salgamos de la fascinación del relato, una obra extraordinaria, y veamos si podemos sacar algunas

---

[13] Textos en cursiva y negrita son tomados de los escritos mencionados en las notas textualmente

conclusiones acerca del título de esta Monografía que es lo que finalmente nos habíamos propuesto:

Este señor es bastante particular, su tipo es menos frecuente que el de Mariana, está impregnado de olor a formol -esto es tal vez una metáfora demasiado médica, pero confío en su capacidad de entendimiento. En el lenguaje corriente se diría "¡que aparato!".

En lo extremo de sus expresiones está justamente la dificultad de expresarse, en particular en sus afectos. No parece tenerlos. Hoy no vemos personajes así, pero sí muchos rasgos aislados de la manera de ser un *Duffy-Gruffy*.

Pongamos en palabras a Duffy: es una persona sin vida interior ni social, sus actividades son semi-automáticas, es una especie de robot, sin espontaneidades, ni deslices de ningún tipo, de los cuales solo queda un pequeño residuo en la fantasía de robo. No tiene vida emocional, no tiene iniciativas, solo sigue rutinas prefijadas. Desafectivizado, desvitalizado, sin proyectos.

Nada sabemos de la crianza de Duffy, como en cambio sí transmite Mariana en sus reflexiones, recuerdos y anotaciones. No podemos construir una imagen de Duffy-niño. Para poder avanzar en algo respecto de su entorno, aquél que señalábamos en la nota al pie como un campo muy expandido por Winnicott, deberemos acudir a una ayuda especial. Tenemos concretamente el relato del mismo escritor sobre su propia infancia en un pequeño libro titulado **Retrato del artista como adolescente**.[14] Allí Joyce cuenta, basado en experiencias propias, la infancia y

---

[14] Al no pretender un ensayo científico dejó librado al lector la búsqueda de algunas citas, sobre todo tratándose de algunos textos clásicos de mucha difusión. Por otro lado, a quien le interese tan sólo comprender algunas cosas respecto a los temas del ser, de que se trata cuando hablamos de uno mismo, creo que es suficiente estímulo el que está contenido en estas líneas y el que quiere más sabrá ir a buscarlo.

adolescencia de un joven irlandés del cambio de siglos, alrededor del 1900 en la Irlanda de aquél entonces. Se destaca la rigurosidad de la educación católica, la severidad de la Iglesia de esa confesión en la Irlanda de esos años (y siglos previos). La gran pobreza de la inmensa mayoría de los irlandeses, salvo una pequeña capa adinerada.

Quien sienta interés en profundizar el retrato de época de aquella Irlanda, tiene algunas obras magistrales de la literatura, como la reciente *"Cenizas de Ángela"*[15], en publicación de libro y como película, que relata en estricta forma autobiográfica Frank Mac Court (1930-2009). El cine Irlandés ha producido grandes películas de época, como un intento de elaborar los graves conflictos de sus divisiones, entre católicos y protestantes y entre su independencia y su sometimiento a Inglaterra.

De esa matriz sociocultural nace un Duffy, un verdadero dublinés, tanto como que está incluido en la serie de cuentos que retratan las características de estos seres criados en las circunstancias mencionadas.

❧❦

Pero volvamos a la historia tomada de ejemplo para ilustrar "formas de ser": La vida le pone en el camino a una mujer con la capacidad de llegar hasta él -es una incógnita como lo logró-. Se establece una relación, en la cual Duffy es el relator-actor que cuenta sus "cosas". La señora tiene una gran capacidad de ver algo en Duffy que ni él conoce, ¿acaso tiene esperanzas? Parece más compasión con este hombre de vida seca, inexpresiva, con escasa o ninguna

---

[15] Director: Alan Parker; Frank McCourt (book), Laura Jones (screenplay), and 1 more credit » Stars:Emily Watson, Robert Carlyle and Joe Breen, tomado de IdB.-

significación, atrapado en una suerte de jaula de contención.
16

La relación continúa y hay un momento emotivo, la compasión de la señora la lleva a tomar la mano de ese ser y colocarla contra su mejilla, darle un poco de calidez a esa fría vida.

La reacción de Duffy es la de una "virtud mancillada", **¡lo malinterpretaron!** Hay un "atrevimiento" de la señora, al introducir el acercamiento corporal, así sea tomar una mano, amenaza con concretar la emocionalidad que comenzó a surgir en Duffy, su entusiasmo ante los encuentros, que resultaron ser de esperanza de ser escuchado, pero no **involucrado.**

Se aparta y luego de unos días formaliza el corte. Las vidas de ambos protagonistas van ahora por caminos diferentes: Duffy se atrinchera mejor; la señora entra en un estado negativo, desesperanzada, "esperando la muerte" en las fantasías posteriores de Duffy.

En realidad, la malinterpretada es ella, la confunden con una mujer que fuerza su carnalidad sobre una persona "inocente"; se confunde el afecto y la ternura con mala conducta, mala mujer. Y abandonada por su marido hace años, y por Duffy el "virtuoso" como añadidura, decae. No sorprende su necesidad de ahogar penas y eventualmente morir.

La reacción de Duffy a la muerte es un lento despertar. Lento en el sentido que le lleva varias horas, a lo largo de la noche. Incluye tomar unas copas. Descubre que esa muerte

---

16 Para aquellos en un curso de capacitación, o de especialización de postgrado, o dentro de un programa de estudios de cualquier tipo, podrían tomar esto como material para escribir una ficha sobre la personalidad de Duffy, extendiéndose en consideraciones sobre los orígenes de este tipo de "forma de ser". O los literatos, podrían intentar un relato de vida de Duffy.

no es independiente de él, que le habían dado una oportunidad que rechazó, pero no solo se perdió algo, es que además causó una tragedia en alguien ya fragilizado. Mientras recorre el parque en el cual hay parejas haciendo el amor[17], vuelven las escenas de sus encuentros, las voces de ambos, los roces, la compañía de otro.

Duffy descubre que eso no sucederá más ya que la señora ha muerto y que a él solo le espera la soledad de su cuarto y la propia muerte en algún momento y esa muerte no tendrá significado para nadie, como ahora sí tiene la muerte de la señora para él.

Duffy intenta recuperar los contactos, busca la mano, pero ya no está.

Convengamos que es una historia fuerte, sin esperanzas, como podemos tener en el caso de Mariana. Es que la coraza de Duffy para enfrentar al mundo es mucho más impenetrable que la de Mariana. Quien además es una persona con mucha más vida propia, con energías vitalizantes que en Duffy están completamente ausentes. Mariana tiene "resto", vivió encapsulada parcialmente y representando, pero vivió. Duffy pasó por la vida y su destino es trágico.

Duffy está claramente enfermo, no tiene un Ser que se expresa, que necesita, que desea, que sueña. Su persona es una cáscara prácticamente vacía.

Para curarlo, la señora no bastaba, hacía falta un tratamiento quizá sin futuro, pero con la intención de disolver esa caparazón esterilizante de la vida interior y social, afectiva y creativa.

---

[17] En el inglés, making love, no implica necesariamente un acto sexual completo, incluye todas las caricias, besos, abrazos que acompañan, preceden al acto sexual o eventualmente expresan solo eso: ternura, acercamientos corporales, expresiones de afecto intenso).

๙IV๖

¿POR QUÉ HABLAR DEL SER?
¿QUE ÉS Y PARA QUÉ SIRVE?

Las definiciones más profundas y completas suelen ser filosóficas o provenientes de las distintas corrientes de espiritualidad. Pero también la literatura se ha ocupado del tema. Así por ejemplo Hermann Hesse le hace decir a SIDDHARTA que solo Atman[18] puede dar satisfacción plena. Y donde se lo encuentra, se pregunta Siddhartha , si no es en el propio yo, en lo más íntimo de uno mismo, en aquello indestructible que cada uno lleva dentro de sí. ¿Pero cómo es que ningún sabio conoce el camino que lleva a él? Y es así como inicia Siddhartha su larga búsqueda.(HH, GW, 3, p.619).

Hoy aquí vamos a enfocar al SER desde un plano más experiencial, desde la observación psicológica, desde lo que podemos ver en las historias de vida y en la descripción de distintas *formas de ser* que adquieren las personas, en función de su historia evolutiva. Somos:

I – Lo que determina nuestra biología y nuestro biotipo.

---

[18] Este concepto tomado del hinduismo expresa en el sánscrito **al alma o espíritu**. Más específicamente, es una parte de Brahma (Dios) que está en cada uno de nosotros, como una esencia de nuestro Ser, que es lo que el escritor le hace decir a Siddhartha, su personaje. El Atman es lo opuesto al Maya, la materia, lo originalmente creado para ser visto y tocado, el mundo material. Herman Hesse (1877-1962), quien se hizo popular en la Argentina en las décadas del 60 y 70, quizá por El Lobo Estepario, o su premio Nobel del 46. Sus inclinaciones religiosas familiares, lo llevaron a ocupaciones literarias con temas de espiritualidad como Siddhartha.

El cuerpo determina el género - en buena media-, por las influencias hormonales que a su vez determinan la contextura física, y los rasgos sexuales secundarios: distribución del pelo, la grasa corporal, los órganos sexuales externos y la masa muscular. Cuando se nos identifica es por nuestros **rasgos físicos**, en primer lugar: la foto del documento, la impresión digital, el grupo de sangre y recientemente el ADN. En pericias forenses se determina la identidad también por la boca, las características de la dentadura y sus tratamientos, cosa que corrobora el odontólogo de cada caso. En personas transexuales se efectúan intervenciones sobre dichos rasgos para producir modificaciones respecto de los identificadores primarios mencionados; en especial, los que aparecen a la vista.

Somos por lo que construimos como una compleja secuencia que va desde los primeros gestos espontáneos, algo que brota de la vida misma y que no es el reflejo, ni la reacción a la conducta de otro. Se expresa esa espontaneidad en iniciativas, que son una forma inicial de organización psíquica de esos gestos espontáneos. Podemos intentar aquí , brevemente, un resumen de lo que será motivo de la **Monografía Nivel III de la construcción del Ser:**

El ser depende de una cantidad de pasos previos, hasta que se va estableciendo un núcleo más sólido, a partir del cual fluirán más frecuentemente las expresiones espontáneas que dirige ese núcleo hacia el intercambio dentro-fuera, organizado en **Iniciativas** que producen respuestas ambientales, las que impactan en el ser como vivencias:

Hay cuatro tipos, según su objetivo: **Explorar** el mundo de objetos animados e inanimados. **Contacto**, con seres animados, en especial el Otro de referencia para uno (mama, en un esquema ideal de inicio): **Experimentación** con las cosas que se han explorado, intentando descubrir más elementos que la simple exploración con los sentidos; intervienen ya ciertas necesidades de ampliar la comprensión de las cosas que brinda la exploración simple. Se puede pensar que el bebe *testea* ciertas hipótesis acerca de lo que ya conoció en la exploración. El Juego, es una compleja iniciativa que involucra un ingrediente que no tienen las demás Iniciativas: un *acto simbólico* que **transforma** una cosa en otra: un cubo en un auto que hace ruido de motor y se desplaza, por ejemplo.

Como las Vivencias dependen del tipo de Iniciativa, habrá progresivamente una colección de las mismas, de acuerdo a las categorías de iniciativa.

Las iniciativas son cuatro:

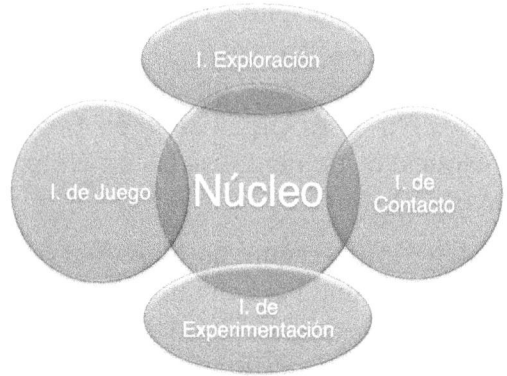

A través de estas Iniciativas, el ser crece en vivencias, que a su vez producen nuevas iniciativas con el fin de repetir, para volver a vivenciar lo mismo (repeticiones), transformaciones en experimentación y finalmente el juego con el nacimiento de la capacidad de transformar una cosa mediante la simbolización, un proceso que desarrolla con las primeras mentalizaciones y formación de representaciones.

Como vemos, el núcleo del Ser en poco tiempo recorre un amplio camino de expansión y adquisiciones de nuevas formas de funcionamiento. Lo que fue inicialmente un núcleo, comienza a tener diferentes capas que lo rodean, o genera extensiones con nuevas funcionalidades:

Núcleo:Iniciativas y primeras vivencias.

Primeros testeos que llevan a Experimentar.

Agrega simbolismo y desarrolla el juego, con transformaciones.

Esta lenta complejización, estará dada por el simple ejercicio del circuito - lo más ininterrumpido posible -de ahí la importancia de las intervenciones del MAE.

Como decía más arriba, este es un modelo original de explicación de la progresiva construcción del Ser desde el mismo Ser. Este tema será entonces profundizado en otra **Monografía** de ésta Serie.

II –Podemos decir que es aquello por lo que se nos conoce, y por lo cual nos conocemos nosotros mismos.

Recordemos a Mariana lamentarse: *no sé quién soy.* Duffy es alguien que ni se lo plantea.

Este es el plano de la IDENTIDAD, en tanto nos definimos como hombre o mujer o del tercer sexo; también por lo que hacemos: artista, médico, o el oficio al que fuimos llamados (*vocare*, llamado). Este último proceso no es siempre fácil, como lo demuestra aquél médico que después de recibido para darle el gusto al padre, hizo su vocación y fue sacerdote, hasta que ya en los cincuenta años de vida y muerto el padre, dejó la sotana por el guardapolvo nuevamente.

La noción de IDENTIDAD fue relacionada por otros estudiosos más **con lo que es conocido de nosotros para otros.** Es decir, poniendo el énfasis en lo que parecemos ser, aparentamos ser, o somos a los ojos de otros.

☙❧

"La idea de quien somos para nosotros, está más vinculada a la imagen de sí y las representaciones de sí, dos conceptos ligados a los desarrollos psicológicos, en especial los psicoanalíticos. Ambas formaciones se construyen a partir del encuentro con el Otro, una forma de identificar al no-yo, aquello que no soy yo. Ese Otro refleja una imagen de nosotros que será tomada como un elemento más en la

*construcción de dicha imagen de sí y posteriormente en una representación de sí. La diferencia entre **imagen** y **representación** es la progresiva complejización de la primera en el proceso evolutivo que hace el psiquismo."*

(Si estas formulaciones le resultan muy complejas, vuelva a releerlas al finalizar el capítulo o el Compendio).

El concepto de reflejo/reflejar-se, asocia este proceso también con el mito de Narciso, aquél joven de gran belleza que viéndose reflejado en las aguas calmas de un arroyo, se enamora de su propia imagen. De este mito y la idea del reflejo de la propia imagen especular el psicoanálisis pone su énfasis en la idea de un **Narcisismo** propio al desarrollo humano.

Alrededor del tema del narcisismo se construyen luego grandes conflictos entre distintas escuelas del psicoanálisis. Básicamente las que sostienen que el narcisismo es solo una etapa que deberá superarse para hacer lugar al amor por otro, el amor objetal (de Objeto, como concepto del Otro, especialmente ligado a la idea de la satisfacción del deseo que requiere de un Objeto para su satisfacción).

Entre los años 1936 y 1960 se desarrollan varias formulaciones de un "Estadio del Espejo", del cual solo diremos que es la legitimización teórica de una construcción progresiva de las imágenes de sí y de las transformaciones en representaciones de sí que van surgiendo en la sucesión de intercambios entre el bebe y luego deambulador , con su madre/entorno (Hoffmann J. , Espejamiento, 1995).

No usamos Madre como sinónimo de Entorno, ya que desconoceríamos así las sucesivas capas que van envolviendo a un individuo con su medio ambiente. La madre que envuelve al bebe, inicialmente en su panza y luego en sus brazos, es a su vez envuelta en el abrazo que la sostiene en brazos de su pareja. Los padres unidos, son rodeados por su familia inmediata y en segundo lugar contenidos en su familia extendida. Estas familias extendidas son a su vez asociadas entre sí por sus lazos culturales, como sucedía explícitamente con los inmigrantes de la Argentina, ejemplificado en sus Sociedades de Socorros Mutuos (ya sea Italianos , Españoles, Británicos, Alemanes, Judíos, etc.). Estas diferentes comunidades quedan a su vez contenidas en aquello que constituye la Sociedad que conforma una población de un Estado o Nación. De esta forma favorable, ideal y positiva, se derivan las situaciones de desencuentros entre cada uno de los eslabones descriptos que suelen aquejar desde la pareja madre/bebe, la pareja parental-conyugal, los conflictos familiares, hasta los conflictos entre Sociedad y Comunidad Cultural o entre Naciones. Hemos elegido la abreviatura **MAE** para designar al *Medio Ambiente Específico* de un determinado ser al nacer.

La mirada de mama-MAE configura en el niño todo un sistema de señales del cual nos ocuparemos en un nivel de profundización posterior (esta Colección, Monografía - mismo título-: NIVEL II[19]). Pero en síntesis se puede reducir a: **aprobatorio/desaprobatorio**, con lo cual se dan dos escenarios divergentes para las futuras formaciones de imágenes de sí y sus desarrollos a representaciones de sí.

Para ejemplificar, apliquemos estos desarrollos a los dos casos mencionados. En Mariana, la madre y su familia en sentido amplio, desaprobaba sus aspiraciones y sus intereses e iniciativas. Censuraba con dureza cualquier apartamiento de lo que se erigía en un ideal de comportamiento conformado por la familia, por el MAE. El Señor Duffy solo conoció la mirada en el encuentro con Otro, que se mostró interesado en su vida, en sus historias,

---

[19] Motivo de otra Monografía, con el mismo título, pero con la Referencia: Nivel III

en sus fantasías si las podía producir y expresar. Ese mayor conocimiento de sí en la escucha y mirada de la Señora Sínico -el Otro- fue generando sus crecientes excitaciones emotivas ante la perspectiva de un nuevo encuentro. Podemos suponer que Duffy tuvo un MAE muy constrictor, muy desalentador, poco constructivo en sus miradas, no generando ninguna imagen de sí, ni un sistema de representaciones que le permitiera imaginarse a sí mismo de alguna forma. Solo aparece fugazmente la idea del robo al banco en el que trabaja, una manera de adquirir valor a través de una masa de dinero. Este camino del Tener por sobre el Ser, como una suerte de remplazo es un hecho muy frecuente y cada vez más importante.

La falta de un MAE positivo en el caso de Mariana, crea una adolescente deprimida, "fea", con una mala imagen de sí, y con una necesidad de exponer su sexualidad como una forma de captar la mirada, pero a la vez reprimiendo ese impulso de la manera más severa. Eso le hace decir a Mariana que no *se* conocía, que solo empezó a saber que quería vivir, plenamente con sus propios deseos y no conformando los deseos de otro (madre, pareja, padre). Podemos decir entonces que *conocer-se* es una forma particular del conocimiento, referido a uno mismo.

El conjunto de representaciones de sí mismo es en otro sentido aquello que llamamos nuestra **autoestima**. En realidad, deberíamos decir que las representaciones de sí, construyen dicha autoestima, y que dicho proceso de construcción es continuo a lo largo de la vida, ya que seguimos interactuando con un Otro cambiante, con varios Otros diferentes, con algunos más significativos y otros menos importantes (la persona que amamos, nuestra pareja), seguramente es quien más influye en las representaciones que tenemos de nosotros, para bien o para mal. De ahí la gran sensibilidad y las reacciones más intensas que producen comentarios que en boca de otra persona nos dejan sin cuidado.

Hay además un enlace entre las representaciones pasadas y las que construimos en el presente: cuanto más fuerte hayan sido los impactos de dichas representaciones en las miradas de nuestro MAE original, más determinantes serán de las "lecturas" que haremos de nuevos comentarios.

Dicho en otras palabras: El *conocer-se* procede de las primeras formas de responder a nuestro Ser y hacer por parte de nuestro MAE. Con el tiempo vamos recogiendo reflejos provenientes de múltiples entornos, con los cual nuestras primeras imágenes de nosotros se van transformando. En algún momento adquirimos una posibilidad de reflexionar sobre las miradas que recibimos de nuestro entorno. Haremos entonces un suma algebraica de las mismas y comenzaremos a generar un *criterio para evaluarnos*. A partir de este punto evolutivo, seremos co-autores de nuestras imágenes y sus complejizaciones en representaciones de nosotros mismos.

¿Qué significa esto?

Tomemos el caso de Mariana con una madre culpógena, que la critica sin cesar, instalando una situación depresiva, con la idea de ser fea y producir rechazo. En el futuro, Mariana, salida ya del flujo de impactos maternos sobre sus representaciones de sí, buscará con mucha insistencia desmentir o confirmar las miradas maternas. Esto condena de alguna manera a Mariana a tener esa actitud tan **complaciente** con todos los que se le acercan mucho en relaciones significativas, sus dos maridos, por ejemplo. Y a la vez "condenan" a los maridos o eventuales seres cercanos, a ser sometidos a los enojos y susceptibilidades de una Mariana (cualquiera de nosotros), por sus sospechas que estamos mirándola con ojos críticos, o haciendo comentarios desvalorizantes de ella o sus cosas.

Repaso y Resumen

1°) La Identidad termina siendo un tema formado primariamente por nuestras apariencias exteriores -sin negar la importantísima influencia del comportamiento, que veremos por separado-. Esto hace que **Identidad** termine siendo más un tema de **orden social** que personal, al revés de lo que muchos piensan, en el sentido de entender identidad como aquello que los identifica interiormente, como cuando se habla de una *crisis de identidad.*

Dichas crisis, cuando se dan en etapas normales de la vida, efectivamente están muy determinadas por los cambios biológicos: crisis de la adolescencia, crisis del climaterio. En otros casos de crisis, éstas se manifiestan más por los hechos que afectan a nuestro ser *interno*, más que al corporal, aunque puedan terminar afectándolo: *crisis matrimonial, crisis vocacional, crisis del ser en el mundo.*

2°) Somos lo que nos atribuyen: Inicialmente por parte del MAE, recibimos los impactos más significativos en los *espejamientos* que provienen del Otro significativo de cada etapa (mama, papa, hermanos, compañeros de colegio, maestr@s, profesores, todo tipo de personas que influyen en nuestras vidas por la importancia que tienen en la relación con nosotros).

Deberemos muchas veces luchar con esas atribuciones, si se contraponen significativamente con nuestros propios deseos, inclinaciones, disposiciones, intereses, iniciativas y vocaciones. Además de nuestras propias representaciones construidas a partir de haber desarrollado un criterio evaluativo de nosotros mismos (*no estuve tan mal, en esto respondí bien, creo que no me estoy desarrollando al ritmo que podría, me veo como alguien que tiene la capacidad de... etc.)*

Esta lucha comienza con el nacimiento. Seguramente hay alguna posibilidad de establecer en el futuro ciertos conflictos intrauterinos ya que el avance del conocimiento en este campo ha sido enorme. La prueba de existencia de esta lucha que comienza con el nacimiento, la hemos suministrado en dos investigaciones realizadas sobre bebes, una desde los cuatro o cinco meses en adelante [20] y un segundo estudio que está siendo escrito para su publicación próxima, en la etapa de lactancia materna de 0-4 meses[21].

En estas *atribuciones* influye sustancialmente el tipo de mama que nos gestó. Eso lo explicó con mucha claridad Serge Lebovici (Lebovici, 1983), definiendo tres tipos de madre, según sea el momento en su vida que se gestó el bebe "interior" de la madre, evento muy anterior en uno de los tres, al hecho mismo de la gestación. O sea hay un bebe interno, mucho antes que la niña sea mujer, construido en su mundo imaginario, de acuerdo a la etapa de su maduración. Al final de la Monografía se presenta una Tabla que diferencia los tres bebes internos y sus impactos en la crianza .

3°) Finalmente, **somos aquello que percibimos como propio**, como interior, como la vida que llevamos internamente, de la cual no siempre podemos dar cuenta. No podemos dar cuenta porque en parte transcurre en un territorio ajeno a la conciencia. En parte porque son **vivencias**, una etapa del procesamiento de la vida, un segmento de vida vivida, de la cual tenemos impresiones, sensaciones, imágenes, afectos y emociones más toda clase de registros que aún no pueden ponerse en palabras.

---

[20] (Hoffmann, J.M., Popbla,L. Duhalde, C., 1998)

[21] (Martin, 2005-2010), ver Bibliografía al final.

Recordemos que toda la vida intrauterina transcurre sin palabras, al igual que por lo menos los primeros 12-18 meses de vida. No habrá formación de frases de tres o cuatro vocablos hasta el segundo año cumplido, salvo excepciones. ¿Cómo entonces expresar todo lo que se vive interiormente?

Muy lentamente y por medio de la **semantización** - un proceso de "poner en palabras" , favorecido por la madre y el MAE en general, adquirimos la palabra para las primeras cosas, inicialmente un lenguaje de bebe: *mamamama*, o *ma--ma* van construyendo la significación del cuidador específico, reuniendo sus olores, sus texturas, su tono de voz, su mirada, sus palabras, sus gestos y expresiones en una palabra sola: mama. Que enorme condensación en una sola palabra! No es una sorpresa que tantos tangos, poemas, canciones en general, cuentos, películas, libros y textos sean dedicados a lentamente desentrañar todo lo que está puesto dentro de esas cuatro letras.

V

Somos Aquello
A Lo Que Aspiramos
(...quisiera ser....).

Sabiendo que esa aspiración deberá sostenerse en medio de los múltiples requerimientos, tanto internos como externos, que parecen demorar aquello a lo que aspiramos. En el caso de Mariana o Marianne, según tomemos el original de la película o el que tradujimos para nuestra comprensión de una persona, tiene una muy fuerte aspiración a ser, pone su empeño para llegar a una comprensión de si, a un entendimiento del sentido de las cosas que le pasan. **A conocerse, a descubrir sus deseos**. De alguna manera es como si hubiese leído el acápite que pusimos al principio del capítulo I, tomada de los Ensayos de M. de Montaigne (vuelva a leerlo ahora; las relecturas son importantes, sobre todo en un Compendio).

Duffy no parece querer ser nada. Quizá adinerado, por sus fantasías de robo en el banco. No tiene una imagen que lo guíe hacia un futuro, no ha construido una representación de su Ser, ni de lo que quiere llegar a Ser.

En un libro reciente intento describir este proceso que lleva de la vida infantil a la vida adulta, con las transformaciones que sufren las primeras representaciones de sí-mismo en ese trayecto (Hoffmann M. , ¿Que ibas a ser de Grande?, (en prensa)).

No todo el mundo tiene lo que podríamos llamar "el sueño del pibe". Y no todo "sueño del pibe" es una auténtica resolución de los gestos espontáneos de expresarse, de realizar las propias disposiciones y talentos de la forma más productiva y acorde con la propia autenticidad. En relación con **autenticidad** hay mucha tela para cortar, pero podemos decir con seguridad que la debemos diferencias del **complacer**; casi como dos extremos de un continuo:

AUTENTICIDAD............................**COMPLACENCIA**

... donde cada punto que unen ambos términos, representa proporciones variables de uno y otro. Como verán, habrá al menos unos 25/30 puntos, o sea un número muy alto de combinaciones que variarán desde 99/01 hasta 01/99, tomándolo en porcentajes de un componente o el otro.

Si además distinguimos entre complacencia y acatamiento sumiso, se produciría una extensión de la línea de puntos, donde digamos que la Complacencia quedaría en algún punto entre la mitad y la derecha de la línea extendida, siendo el extremo derecho el ACATAMIENTO SUMISO:

ATENTICIDAD.....**n**.....**COMPLACENCIA**.....**A. SUMISO**

Donde **n** es un número elevado, indeterminado de puntos intermedios quedando de este modo la línea formada entre la *Autenticidad* máxima y el *Acatamiento Sumiso*, dividida - digamos en el tercio final, por la *Complacencia*. Recordemos entonces que **n** representa un número casi tendiendo al infinito, de puntos intermedios, lo cual da lugar a las casi infinitas formas de **ser en el mundo** que tenemos el conjunto de individuos.

¿Qué quiere decir "*infinitas formas de ser*"?

Lo mismo que está implícito en el concepto biológico de la combinación cuasi infinita de genes, que hacen que las identificaciones más precisas de una persona se terminan determinando por el ADN. Aquél muestreo que solicitan por ejemplo las Abuelas de Plaza de Mayo, o cualquier perito forense, abogado defensor, o fiscal en el caso de identificar a un sujeto único por su ADN que da hasta un 99,5 o 99,7% de exactitud.

En el caso del psiquismo se trata de infinitas combinaciones de **vivencias**, aquellos trozos de vida recogidos desde la vida intrauterina hasta la adquisición de la palabra. Me animaría a decir que según las casi infinitas combinaciones de individuo/MAE, el número de vivencias de cada sujeto es absolutamente insustituible por el de otro conjunto de vivencias, aún de un hermano del sujeto en cuestión, ¡hasta de un gemelo!

Con la adquisición de la palabra se construyen las primeras experiencias, que son algo que se puede contar, relatar, poner en palabras.

En realidad me hace un poco de gracia este límite, donde parecería que las vivencias se terminan cuando se puede hablar. En principio, la cantidad de vivencias acumuladas en el período pre-verbal es casi imposible de transformar en palabras, salvo que se dedique la vida a ellos, siendo un yoghi, un monje eremita, un sujeto dedicado exclusivamente a la auto -observación , o los artistas, quienes se nutren esencialmente de estas vivencias para generar su **creatividad**. El artístico es un canal de expresión privilegiado para manejar estados *pre-verbales*. En especial la poesía, que si bien usa la palabra, la usa para dar a entender otra cosa, para hacernos vivir algo que el poeta quiere compartir: un trozo de *vida vivida* desde lo más íntimo. Algo a lo que solo se puede **aludir**, sin llegar nunca a poder ponerlo en palabras por completo, sin recortarlo. Pero también la pintura, el teatro, la prosa, la música (¿Qué palabras hay para lo que produce la música? Intentos de formularlo siempre suenan muy personales, como que es la forma en que lo vive el que hace la descripción y no siempre coincidimos).

¿Qué quiero decir con todo este palabrerío complejo?

1° **La autenticidad** absoluta no existe, y no existe por varias razones, siendo la principal, el funcionamiento del psiquismo temprano que usa mucho de la **identificación** para su desarrollo. Esta identificación, es lo más parecido a *ser como otro*, ya sea por un rato o para siempre, como medio para aprender, como forma de entender (en la empatía y en la simpatía hay mucho de identificación). La identificación es diferente a la **imitación**, en la cual el principal funcionamiento es la repetición del **hacer del otro**. Eso le da el carácter grotesco a muchas imitaciones, de lo cual hacen abundante uso los mimos y a veces los monos. Nos causa gracia cuando en la Plaza San Telmo vemos un mimo caminando detrás de un inocente pasante, desconocedor de la broma que se le gasta, y haciendo el mimo los mismos gestos, repitiendo la postura, la actitud corporal, el modo de andar, de sostener la cabeza, la expresión en su rostro.

¿Pero el mimo está identificado con el otro? De ninguna manera, solo es un espejo móvil, una muñeco que duplica a otro ser, con enorme habilidad en algunos de los mimos que se hicieron famosos.

2° **La complacencia** es una necesidad social. No podemos, por más que nos resulte antipático alguien, o poco interesante, dejar de saludar al vecino, al invitado de amigos en una comida, o intercambiar algunos comentarios intrascendentes en una recepción con personas totalmente desconocidas que además no nos producen ningún tipo de atracción, pero que nos son presentados o que se nos acercan. Hay un mínimo de modales de los que no nos libramos en la vida social. No todos pueden ser un "*Doc Martin*" o un "*Dr. House*", para tomar dos personajes de tiras televisivas que actualmente cuentan con varios adherentes. Incluso sobre House se ha escrito un libro pretendiendo explicar la "personalidad House" [22]. Ambos personajes se caracterizan por una falta total de formas, de modales sociales, y -lo peor- de empatía por el otro, aún de sus enfermos , compañeros de trabajo o figuras del otro sexo con quienes podría darse una relación afectiva. Esta ausencia de una modalidad complaciente, no los hace más auténticos, en cambio sí los hace bizarros, extraños, rechazados.

Es el *grado* de la complacencia que determinará si somos más o menos auténticos. Compartir intimidades con un extraño, no es complacencia, es indiscriminación y un signo de cierta patología.

Hay toda una escala de comportamientos que entran en esta línea de puntos entre los extremos citados: mostrarse superior, o siempre inferior, ser altivo, soberbio, arrastrado, chupamedias, conformista, seductor, tímido, retraído, mentiroso, mandaparte, alcahuete, traidor, los que se complacen con las habladurías en detrimento de alguien, y todo lo que se imagine.

3° **El acatamiento sumiso**, una forma de sumisión extrema a otro/s, es una verdadera tragedia en cuanto al Ser se refiere. El acatamiento sumiso puede tomar distintas formas: hay acatamiento sumiso total, del cual ni hay conciencia en el propio ser, y que termina construyendo una persona como la que describe Joyce en Míster Duffy. Mariana en

---

[22] No ha de ser fortuito el nombre elegido ya que significa casa; no precisamente una casa donde quisiera habitar cualquiera que no sea el protagonista, pero que quizá éste encuentre en esa forma de ser una "casa-abrigo" en la cual está a salvo del "afuera", como en los juegos donde "casa" representa un lugar donde no se puede ser atacado o tocado.

cambio, es alguien que ha pasado por esa etapa en varias oportunidades, con su madre, con su primer marido y ahora - en el momento que la encontramos, con su segundo marido abandonándola. También con su padre, cediendo en su deseo de ser alguien del mundo del espectáculo para actuar en el mundo como abogada. Podemos agregar que dentro de esta profesión coloca algo propio, se ocupa de problemas de divorcios, en los cuales ayuda a comprender y , eventualmente, resolver conflictos. O bien, facilita las separaciones infelices. Es un modo indirecto de actuar en la solución de sus propios temas.

En todo caso, la tragedia consiste en la pérdida de tiempo vivido para el desarrollo de las propias capacidades, de los talentos individuales y de una potencial creatividad.

Nos ocuparemos de ésta creatividad (Ver el Apartado 8, más adelante) en forma detenida, ya que es un elemento central en la vida de las personas, aquello que les permite actuar sobre el cúmulo de vivencias no transformadas y poder ponerlas en palabras. De ese modo, muy sencillo y nada que ver con Copérnico ni Descartes, es que nuestra vida alcanza un significado para nosotros. El descubrimiento que hacemos, no es algo que nos acercará al premio de las ciencias o las artes. Es la construcción del sentido de la propia vida, por el hecho de una laboriosa creatividad que va transformando lo vivido en algo expresable, comprensible , al menos para uno mismo.

Esta creatividad, o capacidad transformadora, es algo que puede suceder sin que el sujeto esté en condiciones de ponerle el cartel: *estoy siendo creativo*. Es decir, la transformación de vivencia en experiencia (la **experiencia** es posible relatarla, escribirla, darla a conocer de algún modo), sucede en muchos sin que esto sea motivo de sorpresa. De todos modos, algunas transformaciones producen una profunda conmoción en quien la experimenta. Pueden ser descubrimientos esenciales para la vida futura de esta persona. Creo , por ejemplo, que cuando Mariana anota en su diario:... *Ayer fui atacada por un hambre de vida, muy intenso y poderoso. Por primera vez en este año sentí un fuerte entusiasmo, deseosa de saber que me traía el nuevo día...* está experimentando un estado subjetivo muy fuerte, de *hambre de vida*, de aquello de lo que estuvo privada mientras funcionaba en un acatamiento sumiso de regulares proporciones. Digo *regulares* ya que como se ve en el mismo film, Mariana tenía encuentros amorosos extramaritales, quizá buscando experiencias de vida, algo que la despierte del letargo del acatamiento sumiso, pero a la vez indicativo que no tenía un flujo de vida desde la vivencia hacia la experiencia, que es lo que le va dando sentido a nuestras vidas.

Esto equivale a decir que las personas con acatamiento sumiso, no van tejiendo sus vivencias en experiencias de vida, por lo tanto no tienen una clara sensación de estar con vida, de ahí el sentimiento de **irrealidad**, o de **vacío**, el **sinsentido** de sus existencias. Este tipo de **estados** es parte de la moderna patología. Los *estados subjetivos*, son una forma de expresión que ha ido en aumento en las consultas psicológicas (y en las expresiones artísticas del teatro, el cine, la literatura), generando en algunos casos cuadros de mucha complejidad. Esto sucede cuando el acatamiento sumiso ha producido una parálisis importante en el proceso de transformación de vivencias en experiencias, pero en particular de las vivencias generadas por acciones iniciadas espontáneamente, desde el núcleo del propio ser. Porque existen las vivencias- sin un accionar propio- del espanto, o del odio, o del dolor, de la incomprensión de *porque me hacen esto,* y tantas otras formas de vivencias negativas infligidas a un sujeto que las recibe pasivamente o bien se opone, reaccionando.

Aclaro aquí que **reaccionar** es una forma antinatural de vivir, en el sentido que no contribuye al desarrollo del ser, y que obliga a complejas acciones de evitamiento, de oposición, de lucha, de retaliación, venganza y a veces de destructividad.

En algunos casos las reacciones son inevitables, ya que deben defendernos de amenazas a la vida, a la integridad física; ¿quién no salta hacia algún lado cuando un colectivo se le viene encima?

Pero no es este tipo de reacciones de las que estoy hablando, intento acercarte una comprensión no solo a tus momentos de reacciones adolescentes durante aquel difícil período de vida que transcurre entre la infancia y la vida adulta. También para aquellas otras reacciones a lo largo de tu vida de relación con otros, en particular con los más allegados. En la pareja, con los amig@s, en el trabajo, con los familiares propios y "políticos", todo aquello que hace a nuestra vida de relación afectiva y social. Allí es donde las reacciones conducen a situaciones indeseables, a los malentendidos y los desencuentros. Es cierto que son muchas veces inevitables, e incluso, su ocurrencia lleva a aprendizajes indispensables para el ordenamiento de nuestra comprensión del Otro y de nuestra propia forma de ser. De todos modos, si existe la posibilidad de retener el impulso a una reacción, tenemos una oportunidad de reflexionar sobre el motivo de nuestro impulso, la respuesta que puede tener el otro si respondemos de la manera que el impulso nos indica, ponderar el impacto que ese encadenamiento puede tener en la relación en sí. Cuando no podemos detener el impulso a la reacción a veces ni nos damos cuenta que en realidad no estamos llevando a cabo una acción que nace de nuestro núcleo del ser en forma espontánea, como lo son nuestras iniciativas. En este caso, no tenemos una iniciativa, efectuamos una respuesta impulsiva, algo que puede parecer espontáneo pero que nace más de nuestra susceptibilidad que de nuestro ser, o sea de las capas más periféricas del ser.

¿Pero cómo es la organización del Ser? ¿De qué estamos hablando acá? ¿Qué es un núcleo y que son "capas periféricas"?

Es verdad, se presta a confusión a menos que ahondemos en las explicaciones, cosa que intento hacer sin llevar al lector a una confusión, en un tema que no es sencillo pero tampoco imposible de entender. Si seguimos lo dicho hasta ahora- y quizá puedes releerlo ahora- vemos que originalmente hay iniciativas en los bebes que los llevan a explorar el mundo y obtienen diferentes respuestas de su MAE (recordemos que no hablamos de Madre por el complejo sistema social que hace que hoy participen diferentes figuras, familiares o no, en la crianza). Las respuestas del MAE son tomadas como señales de lo que se "puede" y lo que "no se puede" hacer. Que le haga caso o no, es otro tema, pero las señales las recibimos desde muy temprano y se establecen las primeras *reglas*.

Dependiendo del grado de freno impuestos a nuestras iniciativas será el grado de reacción a las mismas. Como ya lo mencionamos más arriba (ver el RESUMEN del Punto 1°), en lo referente a las **atribuciones,** ahí hacemos mención de las investigaciones sobre las iniciativas en dos publicaciones que las resumen y llevan a la discusión del tema y que ahora citamos para quienes quieran profundizar (Hoffmann, J.M., Popbla,L. Duhalde, C., 1998) (Martin, 2005-2010)[23]).

Baste entonces para este nivel, saber que tenemos una **espontaneidad** que se diferencia de las **reacciones** (al comportamiento del Otro), de los **reflejos** (hechos puramente biológicos: nos entra una basurita en el ojo y lagrimeamos, pestañamos, frotamos el ojo), o de los **impulsos** (originados por lo general en sistemas biopsicológicos como ser la necesidad de Apego, la defensa de la vida y de la integridad física, la sexualidad, el sustento alimenticio y nutritivo, la sed. A esto se agregan los impulsos generados en sistemas reactivos (ya no solo del Otro, y por extensión a situaciones relacionadas con Autoridad, Reglas y Leyes) o bien sus sustitutos, como lo son las adicciones generadas por insatisfacciones en las necesidades básicas de afecto, protección, amparo, guía, referencia.

Volvamos entonces a la idea de un Núcleo y de capas periféricas: hay un centro de nuestro ser, compuesto de vivencias acumuladas, en especial todas las pre-verbales, [incluso las intrauterinas] Que en su mayoría son recibidas pasivamente, o sea por acciones del MAE, que producen en nosotros sensaciones, estimulaciones, dolores, irritaciones.

En cambio, aquellas vivencias que son el resultado de las primeras acciones espontáneas, organizadas en iniciativas y que llevan a vivencias logradas **activamente**, se apoyan en disposiciones biopsicológicas tales como lo talentos, las facilitaciones, las inclinaciones naturales, las

---

[23] A quien le interese profundizar esta línea de pensamiento, por otro lado fundante de estos desarrollos teóricos, recomendamos el *Compendio* de este mismo tema, pero NIVEL III.

habilidades especiales (todo lo cual tiene una carga genética y desarrollan por estimulación selectiva de las disposiciones; ver más arriba las secuencias graficadas de estos procesos en el Punto 1). Este apoyo le da a las iniciativas una forma de espontaneidad dirigida hacia el exterior del sí-mismo que tendrá distintas características en cada uno de nosotros, por la infinita combinación de disposiciones y vivencias.

En la Figura 1, reproducimos una gráfica de estas distintas "capas" del Ser:

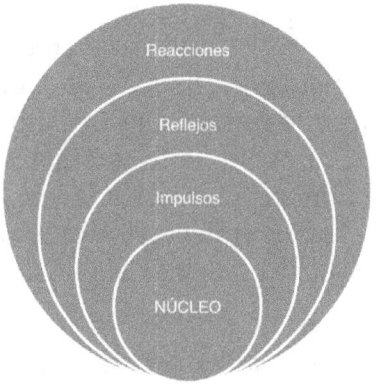

Ilustración 1: Correlación entre Núcleo del Ser y las capas periféricas al mismo.

Creo que a esta altura de la lectura, si pensaban que la comprensión del ser, del **ser uno mismo**, de cómo está organizada interiormente una persona era cosa sencilla, ya habrán cambiado de opinión. Pero seguramente su interés en comprender esto que nos sucede a todos, el hecho natural de ser, de aspirar a conocer el ser de uno mismo, de cómo es y se construye una persona, lo llevará a continuar con la lectura.

¡Al menos eso espero!

RESUMEN

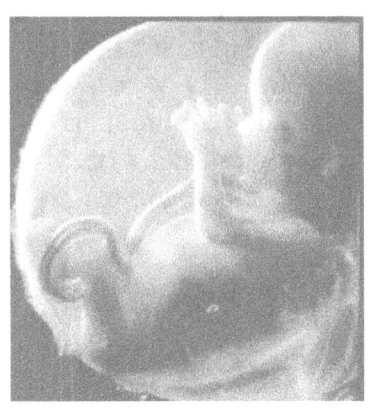

Si este tercer punto es el que mencionáramos al inicio, *querer ser*, podemos decir ahora que:

El ***querer ser*** es una tendencia natural del ser humano a desarrollarse, a ampliar su campo de vivencias y experiencias, es la expresión misma del estar vivo. Lo contrario son estados psíquicos que podemos llamar de "momificación", de encapsulamiento, de retracción y aislamiento extremo, de automatización, al estilo de lo que algunos llaman estar en "*piloto automático*"- pero en forma permanente, en lugar de esos estados transitorios que todos tenemos. El Duffy de Joyce, busca mostrar algo así a un "muerto en vida".

Ese proceso de ***querer ser*** se forma en el núcleo del Ser, generando así un camino hacia su desarrollo, llegando al mundo que rodea al sujeto por medio de las *iniciativas, forma de organización de la espontaneidad que nace de dicho Núcleo.*

El Núcleo del ser está generado por los procesos físico-químicos en la intimidad de los tejidos que permiten la vida biológica. Por eso se suele decir que: ***el ser es inicialmente ser corporal.*** Cuánto dura esa etapa en la cual somos ***exclusivamente*** (una palabra que dudo en usar, pero no tengo alternativa) procesos físico-químicos , es difícil de precisar, pero con seguridad se complementa con los primeros registros en una célula nerviosa capaz de tomar esos mismos procesos de alguna manera. De ahí a la vivencia, de ésta a la comprensión en forma de experiencia y por último las posibilidades de explicar esto que ha sido transformado en experiencia, es un proceso de muchos años, todos los años iniciales que componen la Primera Infancia, o sea de 0 (concepción) a 5 años. Ese 0 es una entidad también difícil de definir en otros términos que una secuencia de fenómenos biológicos.

Pienso que hay registros de las primeras células nerviosas, pero más en una organización refleja y de organización de los desarrollos de procesos que se complejizan. Los primeros "**contactos**" son de auto consuelo, el pulgar en la boca de fetos muy pequeños está documentado con imágenes ecográficas y se las considera provocadas por alguna forma de decisión íntima, en el límite con lo "orgánico-reflejo", pero con un primer "estirón" hacia lo psíquico, provocado por un DESEO, el consuelo y el intento de calmarse.

❧❧

"Desde el coloquial Yo, Uno, Uno Mismo, al concepto de Autoestima, Imagen de sí, Identidad, Manera de Ser y Personalidad, hay un largo camino de conceptualizaciones de complejidad creciente."

❧VI❦

CONOCEMOS AL SER
POR SUS EXPRESIONES

Hay una expresión del Ser que intrigó especialmente a un psicoanalista austríaco, **el coraje.**

Lo estudió en un par de casos notables que llegaron al conocimiento general por las condiciones políticas en las que se dieron. El primero que estudió fue el de un humilde campesino austríaco, Anton, perseguido por los nazis luego de la anexión de Austria al Reich. Estos oficiales de la SS, el cuerpo de choque del régimen absolutista, querían forzarlo a reemplazar sus prioridades de valoración, es decir, abjurar de sus valores primarios y reemplazarlos por los del sistema nazi. Todo comenzó como una broma de boliche, donde unos oficiales descubrieron que Anton el campesino, era devoto de la Virgen María. Entonces lo invitaron a decir algo obsceno, inadecuado respecto de esta figura religiosa, muy valorada por los católicos austríacos. Al negarse, fueron incrementando las demandas y presiones en sucesivos encuentro en el local. Lo que comenzó como un "juego" se transformó en un enfrentamiento.

La solidez de la defensa de este hombre analfabeto que no cedió a las presiones y castigos impuestos por la dominación de la fuerza extranjera y totalitaria, le mereció la pena de muerte y a la vez la valoración de muchos de sus connacionales.

Lo que el psicoanalista destaca de este episodio es la capacidad de sostener su sistema de valores, con los cuales el campesino estaba muy identificado y no los tenía de adorno. Para Anton, la virgen María era un sostén esencial de su ser nuclear, posiblemente una transformación de una figura materna idealizada en una figura del credo religioso que el campesino profesaba.

Renunciar, abjurar de este valor le equivalía a una amputación, a una disminución de su Ser, a una denigración de algo que lo representaba a él unido con la figura venerada.

Cualquier mortal común, habría pensado : "*para que arriesgarme a castigos y peligros, por sostener algo de lo cual transitoriamente puedo abjurar, para después continuar con mi credo y mi veneración una vez que logré zafar del acoso*".

Lo que está en juego es un elemento esencial del ser, que si se lo traiciona, así sea por conveniencia temporaria, deja de tener su valor constituyente del propio ser y se cae en un vacío, en una pérdida de autenticidad, frente a uno mismo y quizá frente a los que acosan y a los que están de espectadores de esta escena en varias etapas.

Podemos suponer que los demás parroquianos, tomaban alguna clase de postura frente a esta escena: desde la desaprobación del acoso, a la fuerte recomendación de *acceder en un como sí*.

Como en tantos otros casos, éstos mismos espectadores no tomaban partido públicamente en presencia de los acosadores, por temor a ser incluidos en el acoso.

El fusilamiento de Anton dejó sí un fuerte testimonio, para algunos de la "estupidez" del campesino, para otros del valor y coraje del mismo.

Este ejemplo tuvo innumerables réplicas en los lugares menos pensados. Tomemos el caso que se hizo accesible al conocimiento general por un par de películas **"La Rosa Blanca"** y **" Sophie Scholl, los últimos días"**[24].

---

[24] Sophie Scholl - Los últimos días (2005) Sophie Scholl - Die letzten Tage (original title) The last days (International Title) Director: Marc

Ambas son una forma abreviada de la historia de un movimiento de rechazo combativo a las locuras de la maquinaria Nazi y que fue desarrollando una propuesta alternativa a esta dominación autoritaria.

Los miembros varones de este movimiento, habían conocido en situación militar los excesos de las fuerzas armadas y de los grupos de choque de la SS y fueron testigos de los primeros hechos del holocausto. Estas experiencias los convencieron del engaño en el que vivía la población general, bombardeada por la propaganda de Goebbels, y los llevó a una contraofensiva, con el único "arma" de un mimeógrafo y una fuerte determinación de dar a conocer sus ideas, sus denuncias y sus propuestas de cambios. Se apoyaban en textos de todo tipo, desde los clásicos como Goethe y Schiller, hasta autores más diversos, entre ellos politicólogos, algunos filósofos y en muchos momentos textos de la Biblia, ya que la mayoría eran de práctica cristiana regular. Proponían la tolerancia, la convivencia pacífica de una Europa unida en los ideales de humanismo, forjado en las décadas y siglos desde la ilustración, el iluminismo , el romanticismo alemán del *Sturm und Drang*, de la cristiandad y del amor al prójimo.

Se arriesgaron durante casi un año, distribuyendo escritos en cuya confección participaron profesores y algunos adultos mayores, familiares de los miembros de la célula central en Múnich[25].

Rothemund Writer: Fred Breinersdorfer Stars: Julia Jentsch, Fabian Hinrichs and Gerald Alexander Held, tomado de IdB en Internet

[25] Es sabido que Múnich es la capital de Baviera, un estado alemán donde predominan hoy -y desde siempre, bajo diferentes nombres- los movimientos más conservadores. Tanto que en el espectro político de Alemania, los partidos de la Democracia Cristiana (CDU) y la Unión Social Cristiana (CSU) son considerados dentro del ala derecha de la política. Pero derecha no es nazismo, que también ha rebrotado, pero

En un acto de mucha valentía Sophie Scholl (Scholl, 1970 (1989)) distribuyó en las puertas de las aulas las pilas de los últimos dos escritos, de una serie de seis, y quedándole una pila, subió hasta el último piso y los arrojo sobre los estudiantes del hall central.

Así fue detectada, detenida y juzgada solo cuatro días después de su detención y ejecutada el mismo día de su juicio con muerte por la guillotina. Entre el 18 de febrero donde arrojó los panfletos al hall central, hasta que fue decapitada, habían transcurrido tan solo 96 horas. Otros miembros, como su hermano y algunos amigos fueron ejecutados posteriormente y los adultos que colaboraron con el mantenimiento de los familiares sobrevivientes fueron condenados a prisión de 2-10 años.

El movimiento continuó sin embargo y hubo otra célula importante en Hamburgo y en otras ciudades de Alemania. Hoy hay numerosas calles y algunas plazas que llevan el nombre de los héroes juveniles de esta resistencia, casi ilusoria, como tantos intentos aislados de combatir un régimen autoritario, cruel y sin piedad alguna, en un estado de convencimiento delirante de su supremacía y grandeza. Esto contrasta aún más con el desinterés personal en el grupo de jóvenes combatientes de adquirir méritos o alguna otra valoración, más allá de cumplir con sus propias convicciones.

Hay otros ejemplos como el de Viktor Fränkel, que vio morir uno por uno a todos los miembros de su familia en el campo de concentración y logró sobrevivir mediante el recurso de reunirse diariamente con otros condenados para hablar de sus valores personales, es decir de todo aquello que en su vida había tenido valor

---

no tiene la aceptación de los partidos ni de la población que lleva aún la carga pesada de la culpa por las atrocidades de ese capítulo de la historia.

para ellos, desde el cotidiano amor a sus seres queridos, hasta los principios fundantes de sus profesiones o actividades y también los de sus religiones. Muchas veces los presentes hacían alguna oración en los términos de su propio credo, fuese el que fuese, ya que además de judíos había otros convictos, católicos, ortodoxos, gitanos y aún pastores protestantes, por disensos, por dar refugio a judíos perseguidos, por oposición al régimen, por homosexualidad y otros "males" que arruinarían el ideal de perfección nazi.

En estos ejemplos coexisten y aparecen diferentes valores del ser humano. Se trata de personas que puestas a prueba, no fragmentan su ser en una parte ***complaciente*** por conveniencia (sobrevivir, no sufrir, zafar), y sus aspectos personales construidos como ideales de vida a lo largo de sus etapas del desarrollo. Además del valor o coraje, tenemos entonces la capacidad de mantener una **integridad** del Ser, evitando la fragmentación del mismo en sus componentes, como consecuencia de la presión ejercida sobre su cohesión, desde un Medio adverso, hostil y perseguidor. Entre ellos reinaba una gran **solidaridad**, por ejemplo en el grupo de la Rosa Blanca, tanto como en los grupos que formara Víctor Fränkel[26] durante su cautiverio en el holocausto. Esta solidaridad se expresaba en aportar lo mejor de cada uno a un proyecto que no estaba exento de dudas, temores, deseos de huir y protegerse. Esto configuró

---

[26] Si bien Fränkel esta erróneamente categorizado de "terapeuta existencial" creo que es más adecuado considerarlo el terapeuta de la esperanza. La esperanza de encontrar un sentido en la vida, aún en las situaciones más abstrusas como las que tuvo que vivir por sí mismo en los casi cuatro años de campo de concentración. Una de sus aportaciones al mundo no relacionadas con su oficio, fue la propuesta de una **Estatua de la Responsabilidad** en la costa oeste de los EEUU de NA. ¡Qué bien vendría!

también una gran **lealtad** entre sus miembros, no hubo entregas, denuncias, venderse al enemigo.

Hay una cualidad humana que no se si tiene un nombre: la capacidad de sostener los propios pensamientos, idearios, valores, transformando esto en un testimonio por medio de actos concretos. Posiblemente se llame **coherencia**, ya que hay una continuidad entre el pensar, el hablar y el actuar. Hay personas que, tal vez en otro orden de cosas, llaman a esto su **realización**. Creo que expresan que han podido transformar en real, algo que era ideal, imaginario, interior y queda finalmente expresado en algo exterior.

Una distinción que se puede trazar entre la aparente integridad de un sistema como el nazismo, que lleva a la realidad su ideario y actúa en eso eventualmente con coherencia, o lo que se le parece, con la actividad de este pequeño grupo de opositores.

Creo que la distinción fundamental -más allá de las adhesiones ideológicas que cada lector puede tener- es el destino último de un sistema y del otro. **En los hechos**, el nazismo (tanto como cualquier otro totalitarismo, ya que no hay "buenos" y "malos" totalitarismos, como creo se puede deducir de las siguientes conclusiones) destruía sistemas culturales, aniquilaba vidas en lo físico y en lo psíquico, buscaba la eliminación de **enemigos de la causa**, haciendo esta distinción fundamental entre los partidarios-amigos y los disidentes-enemigos, se valía de instrumentos de mucha crueldad observándose un grado de **goce** en el padecimiento de sus víctimas. El instrumento de la **fuerza** para imponer a individuos, grupos culturales, o razas ajenas a los designios del sistema una voluntad ajena a los mismos, llegando a la mencionada aniquilación como último caso, pero con una gran frecuencia. Estos instrumentos producían una sensación de grandeza y poderío en quienes tenían atributos para ejercerlos, frente a los cuales sus víctimas estaban inermes, en una evidente asimetría de poderes.

Si tomamos la figura Nro. 1 en páginas anteriores, vemos que estas acciones no nacen del Núcleo del Ser y son el producto de **impulsos** y **reacciones**. Tanto los impulsos como las reacciones, tienen orígenes distintos al Ser que se construye con espontaneidad -organizada en iniciativas- generando situaciones de vida, que se recogen en las Vivencias. Éstas, a su vez, engendran nuevas iniciativas tendientes a verificar, revivir, explorar situaciones de vida. Las reacciones son respuestas a una molestia, a una intervención del mundo circundante, que generan dos tipos básicos de respuestas: a) una defensa contra dichas intrusiones, mostrando el malestar y eventualmente tomando medidas de precaución para que dichas acciones del medio no nos dañen; b) enojo, ira, desprecio, agresiones, insultos, desvalorizaciones, ataques a la fuente de la acción perturbadora.

Los impulsos nacen de aquellos procesos físico-químicos que son la base de nuestros primeros movimientos, determinados por necesidades de comida, líquidos y también satisfacciones sensoriales que van progresando hacia una sensualidad que se organiza lentamente alrededor de partes corporales - por lo general orificios del cuerpo- pero con una fuerte participación de la sensibilidad cutánea y de las sensaciones corporales profundas (tanto en el sistema músculo-esquelético como en las vísceras profundas). Entre estos impulsos están los sexuales y otros -menos atendidos en la teoría central del movimientos psicoanalítico- como lo es el apoderamiento por medio de la prehensión. Esto, que inicialmente es una forma de búsqueda de acercamiento y retención del objeto protector, que evoluciona hacia **objeto de apego** según algunos teóricos, se puede transformar en una forma de expresión de apoderamiento del otro. El elemento de poder, de apoderamiento, de posesión del otro, de retención, ha generado muchos comentarios desde la experiencia clínica, pero visto como formas de patología o desvíos de tendencias naturales. Es posible que sean en muchos casos ejemplos de estos desvíos o patologías, pero creo que hay una tendencia natural al apoderamiento, a ejercer un poder sobre el Otro, los Otros en diferentes ámbitos. La prueba ha sido el poder patriarcal, el padre como el poder sobre la familia, su mujer, sus hijos, sus empleados. Del poder hasta el sometimiento el camino a recorrer puede ser muy corto. Y el apoderamiento para el sometimiento no nace del Ser y sus vivencias nacidas de la espontaneidad que expresa la vitalidad misma de estar vivo. El sometimiento es en todo caso el desmadre de una necesidad primaria o el desarrollo de una exasperación reactiva en la cual hacer sufrir, dominar, someter, producen una forma de placer y satisfacción[27] que no es la del descubrimiento , la del conocimiento, la del contacto con otros en forma de encuentros e intercambios placenteros y enriquecedores. No; en el apoderamiento hay uno que goza y otro que tolera. Si el sometido aprende a gozar de su sometimiento, se constituye un par, se conforma un conjunto sistémico de satisfacciones basadas en placer y displacer transformado en placentero; o sea una desviación del displacer, que debería llevar a la autoprotección, al distanciamiento y a la defensa contra esa dominación y sometimiento.

Del otro lado, en el grupo de Sophie Scholl por ejemplo, como en los tantos otros que individual o

---

[27] Torturar al gato, perro o cualquier ser viviente domeñable cuando se ha sufrido un maltrato es una de esas reacciones exasperadas. Es válido contraponer en el desarrollo etapas en las cuales el ejercicio del poder por medio del sometimiento es una forma de ensayo del mecanismo en sí, que por aculturación tiende a subordinarse luego a otros principios, llegándose a la renuncia o a la conmiseración.

grupalmente ofrecían una resistencia a todas luces de pocas posibilidades de éxito, el móvil eran valores de orden integrador. No se proponían la destrucción, proponían una integración de los perseguidos a una comunidad multicultural con aceptación de las diferencias de los credos. En lugar de proponer la muerte, hacían una propuesta de vida caracterizada por la construcción -en conjunto- de un sistema más protector y englobando a aquéllos que eran denunciados como "inferiores" por poseer retrasos mentales, defectos al nacimiento, falta de fuerzas o capacidades para una vida sin ayuda y solidaridad. Estos últimos, en el nazismo tanto como en otros totalitarismos, o bien eran abandonados o destruidos. La fuerza de este grupo opositor estaba en sus propuestas y en sus denuncias de aquello que se alejaba de un modelo de vida integrador, protector y solidario. Su fuerza consistía también en su debilidad, paradójicamente, ya que aún siendo claramente inferiores en la relación de fuerzas, levantaban su voz para hacer una denuncia de los peligrosamente poderosos y manifiestamente sordos a los llamados del orden mencionado.

¿Pero eran ciegos, tontos o delirantes?

Esa pregunta se la hacía mucha gente, y se la sigue haciendo aún en el momento actual, ya que es un conflicto humano universal, que se repite en situaciones cotidianas de mucha menor gravedad y en algunos casos de una tendencia al crecimiento y desarrollo en la dirección de aquellos ejemplos del pasado considerados ya superados.

Y no me refiero a doctrinas que sostienen la existencia de "*ejes del mal*", y que posiblemente tengan, como en muchos sistemas ideológicos , lo que se ha llamado "una raíz de verdad". El problema es lo que se construye a partir de una raíz-fundamento insuficiente para sostener toda una construcción desproporcionada en las respuestas y reacciones. Estas respuestas terminan en el empleo de la fuerza, de la destrucción, de la muerte y de la aniquilación cultural, con lo cual adoptan los signos del *"totalitarismo en nombre del bien,- y si se animan- del mismísimo Dios"*. En muchos casos incluso se busca el apoyo religioso, la bendición de las armas de destrucción, la justificación espiritual de la aniquilación, destrucción y borramiento cultural.

Hay -a cambio- **combates dignos** de la humanidad: contra el hambre, la pobreza extrema, las desigualdades crecientes, las enfermedades prevenibles y curables, la disminución del sufrimiento y de la destrucción cultural. Pero las armas deben ser el ejemplo de la vida personal, y del colectivo social, de una comunidad íntegra, con coherencia entre sus dichos y sus hechos, apuntando así a la construcción, protección, integración y la solidaridad de todos los individuos, los valiosos o aquellos con insuficiencias que los condenan a una dependencia prolongada de los más fuertes.

ᕫVIIᕫ
EL SER OCUPA LUGAR

Es una afirmación que pretendo demostrar. Y uso la figura de Gandhi para demostrar lo acertado de la afirmación. Es el ejemplo más contundente de como un solo hombre logra a través de la fuerza de su Ser, doblegar la superioridad de un Imperio.

¿Porque desde su Ser?

Contesto con una frase del mismo Gandhi: " *Lo que quieras lograr en el mundo, primero lógralo en ti mismo".*

Podemos modificar al mundo en la medida que cambiamos nosotros, que logramos un cambio en nuestro propio Ser.

Si analizamos su proceder comprobamos como a través de la meditación y la introspección busca afianzar su manera de ser. Pero también usa de ciertos recursos externos. Por ejemplo deja la ropa inglesa por la vestimenta tradicional de su región. Además insiste en el valor de confeccionarse las propias ropas, desde el hilo hasta el telar. Lo mismo con las comidas y las costumbres de vida, vivir con el ritmo del sol, desplazarse a pie y descalzo. La vestimenta impuesta por la fabricación en origen del imperio Británico, es un significante que involucra un significado de dominación indeseable. De acuerdo a la comprensión de Ferdinand de Saussure, significante y significado componen el signo. Un signo es una de las formas de comunicación simbólica, explicada así por la lingüística estructural del autor mencionado.

Esto significa que nuestro Ser tiene que ver con nuestro medio y con nuestra cultura, tanto como con nosotros mismos. Por eso puede ser desacertado tratar de ser uno mismo en la Argentina, caminando descalzo y vestido con una túnica. Somos en respuesta a un medio cultural y social. ¿Será ése el drama de los emigrados, que padecen una herida que no cicatriza nunca? Herida en el Ser, entonces. El castigo de la antigüedad, ostracismo.

Su fuerza interior, la que nace de su Ser, es lo que usa GANDHI para consigo y no contra el oponente. Cuando hindúes y musulmanes entre sus seguidores se trenzan en una guerra interna, brutal y sangrienta, Gandhi responde viajando a la ciudad de mayor conflicto y con un ayuno que no suspenderá hasta que no cese la violencia y se hermanen los rivales. Ya cuando cunde la noticia de su muerte inminente se van pacificando los últimos y más rebeldes de los focos de guerra civil y Gandhi toma su primer vaso de leche en casi 70 días.

El **lugar que ocupa el Ser** es tanto virtual como físico. En el espacio virtual se da la creación de los símbolos y tiene su raíz el impulso creador. En el campo físico se expresan esos símbolos y creaciones por medio de gestos, actos, palabras. Tienen un **lugar** en el escenario de las representaciones (aquello que representa a otro u otra, algo que se presenta a la reflexión, como en el teatro). Ese escenario se constituye con todos los actos nacidos de un simbolismo - y no carentes de él- y son una expresión de la creatividad del **espacio** psíquico.

En nuestros ejemplos, Duffy no parece tener capacidad simbólica, es concreto, se maneja fácticamente, en los hechos. Mariana busca descubrir en ciertos objetos simbolizantes, representativos (las fotografías) las expresiones de su figura como una manera de comprender su vida interior de aquél entonces. Y es curioso ver como la desvalorización de Mariana en su crianza de doblegación, termina por verse fea y efectivamente en la foto que aparece en la película no se ve una joven atractiva. Y uno se puede preguntar:

¿Qué hace atractiva a una persona, más allá de ciertos rasgos físicos de belleza, valores estéticos? En general es la expresión facial, la postura corporal, el dinamismo -o su ausencia- en los movimientos, un cierto grado de tensión muscular tónica como opuesto a fláccido. Es decir se puede aparecer mal a los ojos extraños cuando uno se **siente** mal, cuando **está** mal, cuando hay una inseguridad en el propio ser.

Que nuestro ejemplo, GANDHI, ocupó - y sigue ocupando aún después de muerto- un **Lugar** en su comunidad, en la Sociedad no hay duda. Sociedad que llegó a transformar creando una nueva manera de vinculación entre las personas que habitaban un territorio ocupado por una potencia extranjera que doblegaba y sometía a los indios, hasta que logró su expulsión por medio de la resistencia que ofreció pacíficamente a las imposiciones de los poderes sometedores.

Destaco **Lugar**, porque es algo que fui desarrollando como un concepto que sitúa a un individuo en una determinada posición dentro de un pequeño grupo, como el familiar, o en uno más grande como puede ser su trabajo, su comunidad, y en último término en una Sociedad que reúne a diferentes grupos culturales y comunitarios. Llegar a tener un Lugar es un hecho trascendente para un recién llegado, como lo puede ser un niño, un inmigrante, una visita, un refugiado. Es algo que depende de la interrelación entre ese individuo y el grupo al que llega: debe haber un relativo equilibrio de fuerzas para que ese Lugar pueda darse, esculpirse en un medio en el cual el grupo ya ocupa el lugar que existe. Hay una cita que merece ser reproducida en este contexto. Es de Lois Sander, un pionero de la investigación de los primeros momentos de la infancia temprana:...*"es necesario que el sistema conceda la emergencia en su medio del infante-como-agente, ya que implica una reorganización del sistema mismo, para así admitir al recién llegado"*... (Sander, 1982). Aclaro que Sander usa una visión sistémica, donde todos estamos unidos por una red visible e invisible de lazos que hacen que la acción de cualquier miembro del sistema tenga repercusiones en los demás. El concepto del infante como **agente**, implica la capacidad de generar sus propias acciones, no de ser un títere que responde por reacción a los adultos, es decir, alguien que tiene en sí la capacidad de hacer algo por "su cuenta".

GANDHI no siempre buscó su lugar de la manera que aprendió a hacerlo en su madurez: **desde el Ser**. En su juventud, educado como "niño rico" de un grupo social acomodado, estudió abogacía en Londres y ya recibido buscó ejercer en una colonia, Sudáfrica, su profesión. Toma un boleto de Primera Clase, vestido de rigurosa etiqueta de abogado, con galera. El controlador le dice que debe retirarse de ese vagón que no admite personas "de color". Discuten y en la primera estación Gandhi es arrojado al andén con valijas y todo. El lugar que él pensó que le correspondía por su estatus social y académico no era aceptado por "el sistema" y fue expulsado a la fuerza, sin consideración alguna.

El Lugar que GANDHI construyó fue como líder espiritual de una comunidad o de varias comunidades de distintas culturas, dominadas y sometidas por el Imperio Británico en todo el esplendor de las postrimerías de su gobierno colonial.

Su principal herramienta de lucha era la desobediencia cívica, no cumplía aquellas leyes que le parecían impropias para su pueblo. Hay varios ejemplos, muy dramáticamente expuestos en la filmación de su vida por el director Richard Attenborough[28]: una es la negativa a abandonar una plaza a lo cual el gobernador militar responde con una masacre que implica el fusilamiento en la plaza de mujeres, niños y hombres por

---

[28] GANDHI, Director Richard Attenborough; Gandhi es representado aquí magistralmente por Ben Kingsley

igual, llegando el número de muertos a más de 1500 en menos de una hora. Si bien el general fue retirado no fue sancionado.

El segundo hecho fue la marcha por la sal. El Imperio ejercía su poder impositivo a través de reservarse la venta de la sal en exclusividad, y cobrando sobre la misma una tasa relativamente cara para un artículo a la vez muy barato pero también indispensable. La forma de imponer impuestos al más pobre de los pobres por igual que al médico, abogado o príncipe. Marcharon 400 kilómetros a pie hasta el Océano, con GANDHI a la cabeza, y allí fabricaron sal en piletones con agua de mar que al volatilizarse el agua dejaba los cristales de sal.

Los juicios a los que fue sometido en distintas oportunidades fueron ejemplos de lo que se puede llamar "mostrar las contradicciones del sistema" [29] que se pretende atacar. Usando su formación jurídica pone a los jueces en aprietos, ya que las leyes para la India eran claramente violatorias de principios jurídicos elaborados durante siglos en la isla Británica, una de las cunas del derecho consuetudinario. Igual sufrió prisión.

Se le ofrecieron en distintas oportunidades "negociaciones" con concesiones parciales a sus demandas, pero ya consolidado en su pensamiento Gandhi las rechaza.

Todo esto hace que cuando habla en público y pide una medida colectiva para golpear al Imperio, todos los sigan; ocupa un lugar muy grande y creciente en su comunidad: es un líder. Este lugar es muy diferente al que provenía de sus estructuras tempranas de alguien socializado como "parte del sistema". Cuando choca contra los límites del pedacito que se le asigno de

---

[29] Lo cual demuestra que este recurso es posible de ser usado desde diferentes marcos ideológicos.

participación, tiene primero una herida en su amor propio, pero las conclusiones que saca - no de su resentimiento, como sería fácil que suceda- si no de su razonamiento, basado en las observaciones. El episodio del tren le sirve para abrir ojos, oídos, olfato. Su encuentro con un sacerdote en Sudáfrica, con quien entabla una profundad amistad y una estrecha colaboración, es la figura que lo guía en su camino hacia un diseño de una estrategia de cambio de las situaciones que viven sus connacionales llevados a Sudáfrica como mano de obra barata.

A partir de este proceso inicial abandona sus planes de ser un abogado de "buena posición" y toma la causa de sus compañeros indios, defendiendo sus derechos y sus posibilidades de ser incorporados como ciudadanos. Aquí comienza a recibir el apoyo de los más acaudalados indios, aquellos que lograron hacerse una posición, y comienza su revolución con el método de la resistencia pacífica a las normas injustas.

Con estos ejemplos muy breves de las etapas que llevan a Gandhi a transformarse de abogado de clase media alta en un abogado de los marginados y finalmente en un líder social, quiero mostrar algunas cosas:

1° esa construcción comienza con la ruptura de un modelo social internalizado por años de vida en un entorno en el cual había una complacencia hacia las injusticias, un "punto ciego", mientras se mantuvieran los propios privilegios.

2° Un lento proceso de transformación de un amor propio herido, con ira y respuestas de resentimiento, hacia una comprensión más abarcativa de los hechos en su nueva ubicación social. Tanto de él, como de los demás indios. O sea, una migración de una pertenencia social hacia otra, compartida con los que llevan el color de su piel, los hábitos religiosos de su tradicional educación en la India, las costumbres culturales en cuanto vestimentas y modales.

3° Un creciente trabajo mental de elaboración - o sea transformación de vivencias en experiencias- tendiendo a una comprensión más racional de los hechos.

4° La construcción progresiva de un cuadro de situación que sobrepasaba sus temas personales, sus heridas en el orgullo, y llevan a su ubicación más realista en el campo social.

5° La inclusión de otras "heridos", no ya exclusivamente en su orgullo, pero sí en sus derechos, constatando situaciones de clara desigualdad entre las personas de diferentes colores de piel. En esto, Sudáfrica tenía una especie de "escala" del blanco al negro pasando por los "colores intermedios" de orientales o indios, que eran un poco menos marginados. Al hacer esta inclusión, Gandhi pasa de ser el sujeto individualizado socialmente de sus connacionales a ser uno más de los mismos.

6° Gracias a su **individuación** personal, con el desarrollo de varias condiciones que le fueron dadas y otras que le fueron transmitidas[30], Gandhi fue creciendo en su capacidad de comprensión, en su apertura mental, en sus conocimientos legales, en su capacidad de tratar con otros.

7° El mantener su posición de un creciente interés, de un incremento en sus conocimientos de las situaciones que se vivían bajo la ley británica, de tejer redes -un punto sustancial de información y ejercicio de habilidades sociales- y de un ejercicio de su condición de abogado, otorgada por el mismo sistema que comenzó a combatir, todo en conjunto llevó a que fuese

---

[30] Hay dos fuentes de información sobre este lento proceso, una es el libro de Erik Erikson, "La Verdad de Gandhi", y la otra su autobiografía, un poco más trabajosa de leer.

consolidando una posición de respeto, de autoridad moral y técnica, pero al servicio de su conjunto social.

8° Regresando finalmente a su punto de partida, la India, completa una etapa crucial en la construcción de un Lugar dentro de su comunidad cultural, social y política. Es interesante destacar que en el mismo barco que llega Gandhi, arriba el nuevo Virrey de la India, que al ver tanta gente congregada con flores, considera esto un tributo a la Corona y a su propia condición. Sin embargo, la congregación popular con ramos de flores, es para otro líder, Gandhi, de quien ya se conocen sus historias en Sudáfrica por los familiares y migrantes de los indios de allí.

Este punto, el de las recepciones dispares a uno y otro líder, abre la posibilidad de discernir entre el Lugar que da el **Ser** y el que da el **Parecer**. El Ser entonces ocupa Lugar.

El Virrey *parece* importante, por su título, por sus apariencias de gran gala, vistoso uniforme, numerosas condecoraciones de colores brillantes en oro y piedras, esposa con vestimenta "real" y muchas joyas, por los despliegues "oficiales" de honores, con grandes pompas: orquestas militares, desfile de tropas a caballo, carroza de lujo. Temido y respetado por su poder político y por lo tanto militar y policial.

Gandhi, **es** importante, pero baja envuelto en una túnica, con sandalias, sin adornos ni medallas, su mujer con vestimentas típicas y pocas joyas, con el despliegue de una masa de personas casi idénticas entre sí por la sencillez de sus vestimentas, pero adornados con flores, una gala popular para un ser querido. Respetado por amor y por **su** amor a los débiles y marginados.

RESUMEN

El Ser se construye un Lugar:

Como resultado de sus acciones, muchas de ellas nacidas de procesos interiores de comprensión, elaboración, maduración, transformación y puestas en acto con una inteligencia de varias características:

a) proviene de la capitalización de determinadas vivencias transformadas en experiencias las cuales a su vez construyen un complejo modelo de conocimiento de la realidad interior y exterior.

b) ese conocimiento se pone en acción y se producen nuevas secuencias: acto> vivencia- que incluye las respuestas ambiental- >procesamiento interior de esas vivencia con los nuevos datos que aporta, > generación de nuevas experiencias que modificarán el conocimiento previo. De este reiterado proceso de participación en los hechos de la realidad exterior, alternando con su transformación -interior- en experiencias y conocimiento, terminan en un **saber**. (Ver Figura 2 y 3)

c) ese saber es lo que otros, por ejemplo Jean Piaget, han llamado *savoir faire,* y que los americanos en su pragmatismo adoptaron, por ejemplo en las obra de Daniel Stern (Stern, 1985) se menciona el *know-how* que va adquiriendo el bebe.

d) ese saber permite orientar el hacer de una manera más racional, más eficiente, no necesariamente desprovista de pasión, mas bien al contrario, pero subordinada al quehacer pensado y decidido desde el saber.

Si recordamos la Figura 1 muy arriba en este texto (p.68), veremos que la indignación de Gandhi cuando es arrojado del tren, es una **reacción**. O sea, no nace del núcleo del Ser. A medida que progresa en establecer un Lugar en su entorno, empieza a ocupar Lugar con su Ser, ese que se expresa mejor que nada en la denominación: *manera de ser*. Manso pero firme. Resiste, pero informadamente. Actúa, pero por elaboración y desde un saber. Responde pero no reacciona. Tampoco se hunde en el silencio de la impotencia, ya que construye una estrategia nacida de su saber, luego de trabajar en la adquisición de conocimientos desde la experiencia.

El Ser ocupa Lugar, porque modifica nuestra integración en lo social y comunitario, donde se nos hace un lugar, pero un lugar que hemos construido junto con la edificación progresiva de un Ser basado en las transformaciones permanentes de vivencias en experiencias y de éstas en conocimientos y así como describimos antes, llegando a un saber.

Reproducimos a continuación dos figuras destinadas a mostrar el encadenamiento progresivo desde el vivir con iniciativas y la consiguiente construcción de vivencias producidas por el mismo sujeto.

Este gráfico también muestra como por acumulación de vivencias correspondientes a un mismo núcleo situacional (por ejemplo tomar el pecho) va generando una masa crítica que permite el pasaje a una situación subjetiva diferente: la **experiencia.** La experiencia ya puede representarse lo que abre el camino a la comunicación y se desarrolla en el espacio de la conciencia. Asimismo, el espacio de la conciencia abre el camino a la intencionalidad, concepto que señaló Piaget y que nosotros compartimos, como una acción que tiene una concepción mental y se expresa en esta forma dentro de la realidad.

En esta figura No. 2:

"Proceso y circuito de construcción de la experiencia"
Hoffmann (1997)

ESPACIO PSÍQUICO

ESPACIO MENTAL

Espontaneidad

EXPERIENCIA: Representabilidad
Comunicabilidad   Concientizable

INTENCIONALIDAD

PURO SUJETO
(Concepto de Winnicott
del Self Verdadero)

Iniciciativa 1
Iniciativa 2
Iniciativa 3

Vivencia 1
Vivencia 2
Vivencia 3

ACCIÓN

INTERACCIÓN

Acumulación de significación
suficiente para

Origen, desarrollo y transformación de la Iniciativa

Modelo de comprensión teórica del circuito de *Construcción de la experiencia* a partir de diferentes etapas de Vivencias surgidas de las acciones e interacciones sobre y con el Medio. Se parte de un supuesto teórico de bajo nivel de abstracción, la **espontaneidad** (ligado a la teoría de D. Winnicott), que encuentra un primer nivel de organización en el espacio psíquico tomando la forma de una Iniciativa. A ésta se la define como *"organización propositiva de la motricidad con integración de los aferentes sensoriales y vivencias previas en ejercicio de la Función Agencia del sí-mismo (Self)"*

Este gráfico contiene además el aspecto teórico por el cual explico la iniciativa como consecuencia de la espontaneidad a la que se refiere Winnicott cuando habla de la única forma en que puede expresarse el ser verdadero, o Self verdadero. La iniciativa es entonces el primer nivel de organización psíquica que le permite a la espontaneidad ingresar en el espacio de la interacción con el otro significativo (como estamos hablando tanto del bebé como del adulto en una relación con un otro significativo empleamos esta especificación del otro; sin embargo es aplicable el modelo a cualquier interacción, sólo que es necesario tener en cuenta que dependerá de las respuestas de este otro).

Este tema de las iniciativas lo trato en distintos artículos de investigación y de desarrollos teóricos, por ejemplo en el libro "*Los Árboles No Crecen Tirando De Las Hojas*", pero también hay material bibliográfico accesible en la página web www.priemrainfancia.com.ar que pronto será:

www.primerainfancia.net .

Aquí incluyó referencias a estos procesos porque muestran la relación con el concepto de puro sujeto, o sea la idea manejada por Winnicott y por Kohut entre otros autores, de la existencia de una entidad psíquica que abarca entre otras cosas al aparato psíquico.

El descubrimiento de la iniciativa nos permitió aportar elementos a la comprensión del quehacer humano, compuesto de aquellos actos determinados por las pulsiones. Con la regulación que ejerce el yo como instancia mediadora entre los deseos del individuo y las exigencias de su medio ambiente.

El concepto de iniciativa nos muestra la importancia que tiene el intercambio entre el adentro y el afuera que Winnicott formulara de una manera muy contundente al decir: "... el intercambio entre el adentro y el afuera termina superando en importancia a todo otro evento psicológico, incluido lo pulsional y las relaciones...".

La acción del infante y la respuesta de su medio ambiente:

La iniciativa que emite un bebé recorre un camino que graficamos aquí:

Figura 3: Aquí se representan varias cosas a la vez. Por un lado, el circuito que va del sí-mismo hacia el mundo exterior, por medio de una de las iniciativas. Ésta impacta en el medio ambiente, el cual la procesa y da una respuesta (que dijimos que en principio son de dos posibles categorías: a) aceptación; b) rechazo). Esta respuesta del MAE es recepcionada por el Sujeto o sí-mismo, y procesada dentro del mismo. Esto puede entonces dar lugar a:a) una nueva iniciativa; b) una reacción.

Agradezco a la doctorando Soledad Martín, haberme facilitado una versión mejorada del gráfico original.

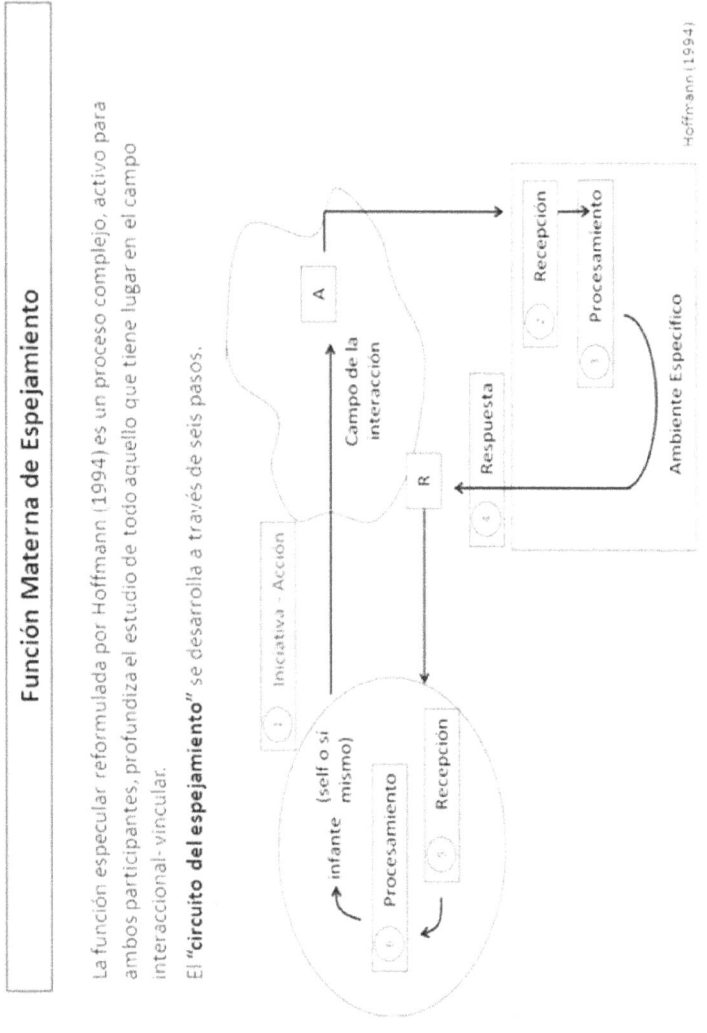

Lo que llamamos medio ambiente específico como una manera de designar al cuidador principal, termina siendo en general la mamá, o así esperamos los que creemos en la importancia que tiene la figura materna en el desarrollo infantil temprano.

En todo caso sea quien sea, no permanece indiferente a las acciones que inicia el bebe y tiene su propio procesamiento del significado de dicha acción, respondiendo en base a ese trabajo interior que ha hecho cuando procesó esa iniciativa infantil.

La respuesta de la mamá será entonces una forma de expresarse respecto de este comportamiento de su bebé. O sea que la cara, específicamente la expresión facial y gestual, más allá de la palabra (o antes de la palabra), le haga entender al bebe como es recibido su acto.

Como el acto consecuencia de la iniciativa proviene del gesto espontáneo y éste a su vez es la expresión del ser verdadero, la apreciación sobre dicha acción necesita ser negociada prolijamente ya que es en principio una respuesta a ese ser verdadero: de aprobación, de desaprobación, o de indiferencia.

Pasará algún tiempo hasta que el sujeto en formación pueda distinguir entre respuestas que desaprueban la iniciativa sin dejar de querer al mismo bebé que la produce. Pero si observamos en terapia de pareja lo que ocurre entre dos personas adultas que interpretan los dichos de uno y otro como heridas personales por desconocimiento del otro al propio ser, estimo que el proceso de discriminación entre una desaprobación de un acto conservando la aprobación del sujeto que lo produce debe llevar mucho tiempo de maduración.

Agregamos en un segunda plano aquellas vivencias>>experiencias que son producidas por impactos del MAE sobre el Sujeto. Se dividen en las **tolerables** y las **traumáticas**.

Figura 4:

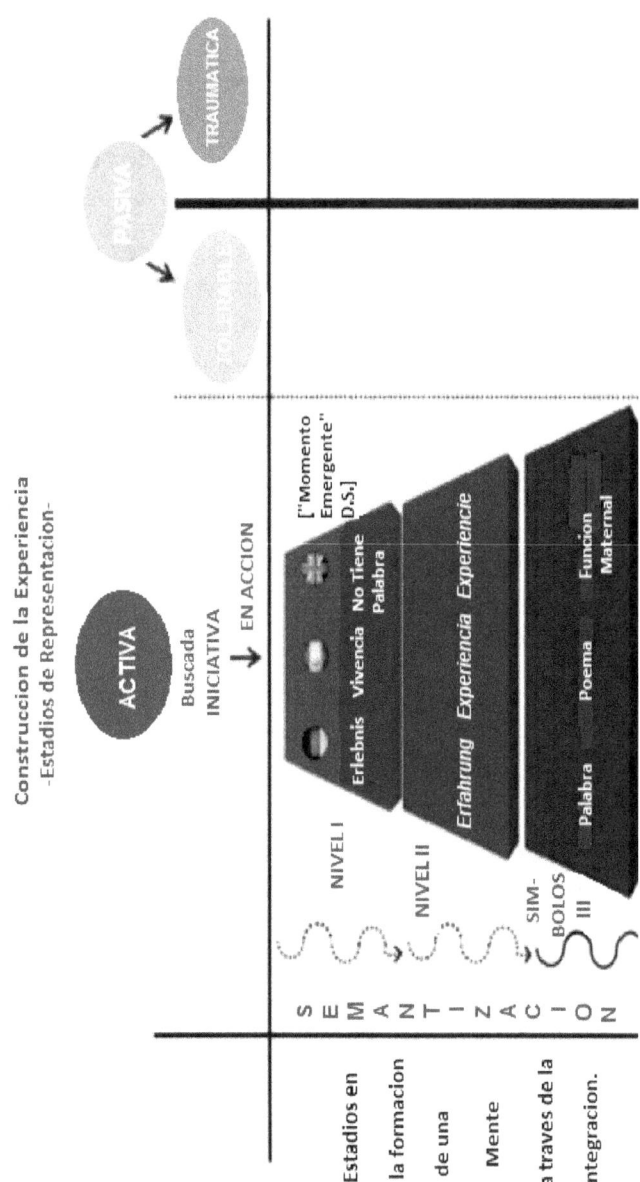

Aquí hay más información que la que suministra el texto que hasta aquí hemos desarrollado. Por ejemplo las vivencias que son resultado de una búsqueda activa del sujeto a través del instrumento de la iniciativa se logra en la acción que producirá, en un primer momento, lo que hemos elegido designar como vivencia. Sabemos que ese concepto proviene del alemán y que en el inglés no hay una palabra equivalente. Es por eso que Daniel Stern que ha trabajado los últimos 20 años en la construcción del sujeto y de la subjetividad, centró su atención en algo que él designa como **"*momento emergente*"** y del cual dice que es no concientizable, ocurre en instantes un cortos y producen un impacto permanente de registro en el sujeto. Todo lo que ocurre a nivel de las experiencias subjetivas en las que centra sus desarrollos teóricos este autor, es de ese nivel no consciente, de muy corta duración pero que deja un impacto permanente.

❧ ❧

"*Presento aquí una forma de contemplar la vida como la organización biopsicosocial que logra un ser viviente que se va constituyendo en persona. En ese proceso- el desarrollo humano - la espontaneidad es un componente esencial..*"

✂VIII✂
EL SER ES UN HECHO
DE IMPORTANCIA PSICOLÓGICA
VINCULA EL 'HACER' CON SU SENTIDO.

"To Be has to precede I Do,
otherwise I do has no meaning."

Donald Winnicott[31]

Un hacer que no nace en el Ser, carece de una significación personal. Puede ser una reacción, que es resultante de un acto ajeno, pero que al llevarnos a hacer algo que no nace de nuestro ser (porque es **re-acción** y no acción) nos desnaturaliza, desvirtúa el sentido de nuestro devenir, aquello a lo que vamos, eso que terminamos siendo. También la *imitación simple* es un dejar de ser como uno, para ser como otro. Aclaramos que hay imitaciones transitorias en el proceso de aprendizaje que son operativas y que se van reemplazando con nuestro propio estilo a medida que hacemos nuestro lo aprendido.

En esto también vemos las diferencias entre los dos ejemplos traídos hasta aquí a modo de ilustración, si bien ahora hemos nombrado y descripto a Gandhi, con lo cual podemos manejarnos con los tres. El caso más claro es el de Gandhi, cuyo **hacer** pasa a ser totalmente dominado por el Ser, extremadamente cultivado en todas las formas posibles. Muy pocos pueden lo que pudo Gandhi. Seguramente Duffy es el que está más alejado de un hacer desde un ser. Es justamente la rutina y los actos repetitivos lo que frustran el Ser[32] de muchas personas

---

[31] *"Yo Soy ha de preceder a Yo Hago, de otro modo el hacer carece de sentido.'*

[32] Sé que confunde que escriba Ser con mayúscula y ser con minúscula. En parte se debe a que quiero resaltar su importancia en ocasiones

que tienen un Ser relativamente desarrollado y del cual son conscientes y se quejan de las uniformidades impuestas en su trabajo, las sufren, no las buscan, las quieren perder, no cultivar.

¿Cómo entender la importancia psicológica del Ser?

Quizá sea necesario para ello recordar hasta qué punto es novedoso la **búsqueda de sentido** en la psicología, y en particular la psicoanalítica que durante mucho tiempo -más de un siglo ya- tuvo una posición dominante. La psicología psicoanalítica influyó en numerosas ciencias de las humanidades, y hoy en día las ciencias políticas que se enseñan, especialmente aquí en la Argentina, tanto como la sociología, ambas referidas a las carreras de la Universidad Nacional de Buenos Aires, están fuertemente determinadas por una corriente del pensamiento psicoanalítico. Y ahí es donde más prendió la búsqueda de un sentido de las acciones humanas.

¿Y que era el pensamiento dominante tradicional en el psicoanálisis?

Lo dominante fue aquello que Heinz Kohut (KOHUT & WOLF, 1979) (Kohut, The Restauration of the Self, 1977) designó como el sistema **pulsión-defensa**. Con esta denominación Kohut y sus seguidores trataron de diferenciarse de un modelo basado en las teorías pulsionales de Freud y el sistema de defensa contra las mismas, erigidas por una parte del aparato psíquico que se ocupa de mediar entre la realidad exterior y la interior. Como realidad interior están las pulsiones, sus fantasías creadas a partir de las mismas. Como exterior se entiende

---

donde temo se pierda en la ambigüedad de la palabra. Este vocablo designa tanto una cualidad: *ser bueno*, un vicio: *ser alcohólico*, un rasgo de carácter: *ser amarrete*. Ser con mayúscula hace pensar más en una entidad, organización, conjunto de funciones, centro que da y recibe intercambios con un rasgo propio, subjetivo, personal.

en dicho modelo las exigencias culturales y sociales que imponen restricciones a las pulsiones.

No es que para Freud pasara desapercibido el hecho de la presión cultural y el malestar que engendraba, ya que escribió un análisis detallado y crítico a dichas presiones llamado justamente *El malestar en la Cultura.* Sin embargo sus numerosas consideraciones favorables al individuo, terminan en una aceptación final: que para vivir en sociedad, en una comunidad, es necesario limitar ciertas libertades individuales a favor de un bien común a todos.

Esta conclusión no es muy revolucionaria y además seria poco discutible para casi nadie. En la mayoría de los sistemas de convivencia propuestos en el mundo hay ciertos principios básicos que son respetados: no matar, no robar, no mentir, no estafar, y tantas otras que ningún sistema sostiene como permisibles.

A lo que apuntaba Kohut con su innovación -como lo hicieron también otros pensadores, antes o en simultáneo con este autor- es que el psiquismo no puede limitarse a un **aparato regulador**, entre un inconsciente dinámico, o sea en permanente cambio, y una realidad exterior. En una publicación ya citada en el párrafo anterior (Kohut, The Restauration of the Self, 1977), hace una propuesta que es un giro copernicano en el pensamiento psicoanalítico. Dice así, aproximadamente textual: *si bien las imágenes -se denominan representaciones en psicología psicoanalítica- de sí-mismo están contenidas en las tres instancias de ese aparato formado por el inconsciente, el subconsciente y la consciencia, **también es verdad que a su vez, todo ese aparato está contenido dentro del sí-mismo o self*** (como lo llaman al sí-mismo en inglés).

¿Por qué esto es un cambio fundamental?

Porque abre un espacio en el cual si bien está el famoso "aparato" hay lugar para muchas otras cosas. Entre otras, el **sentido de la vida**. En particular, el sentido de la propia vida de uno, pero con interés por los procesos que configuran el sentido de la vida en todos, en la humanidad, y en las diferentes culturas.

Si bien la frase de Donald Winnicott que citamos en el comienzo de este apartado es anterior a esta formulación tan clara y terminante de Kohut, debemos decir que Winnicott nunca se interesó demasiado en la conceptualización teórica de sus descubrimientos, su méritos fueron una perspicacia clínica enorme y un descubrimiento temprano de la instancia que desde la psicología representa a la persona toda, no uno de sus aparatos, llamándolo Self (sí-mismo es una traducción poco feliz).

¿Por qué el sentido de la vida no estaba incluido en el pensamiento del psicoanálisis original?

Especialmente Freud se oponía al uso de la filosofía, con una frase contundente: *no necesitamos andar por la vida con un Baedeker (la guía Michelín de aquellos años) para encontrar nuestro camino.*

Sin embargo, Freud no era ajeno a las deliberaciones de índole filosóficas cuando escribía sus famosas cartas, intercambiando con los grandes pensadores de su tiempo, sobre temas generales de la humanidad, como Romain Rolland, Albert Einstein, Stefan Zweig y tantos otros, incluido un pastor suizo, fiel seguidor y corresponsal de Freud.

De todos modos y a pesar de la frase citada de Freud, éste era un hombre de visión muy amplia que se ocupó de infinitos temas de la Humanidad como tal. Obras trascendentes como **Tótem y Tabú, El Malestar en la Cultura, Moisés y la Religión Monoteísta, Leonardo da**

Vinci, como toda su correspondencia me absuelven de todo comentario sobre un Freud que desconoce los temas del "sentido de la vida".

Hay que darle a Winnicott y Kohut (y otros autores que no he estudiado tanto como estos dos, en los que profundicé y que me dieron el conocimiento necesario para manejarme)el mérito de haber introducido estos temas del **sentido** (de la vida, de las cosas, de los grandes conflictos de la humanidad) dentro del pensamiento psicoanalítico, y no algo que el ser humano hace -o se ocupa de- al margen del mismo.

RESUMEN

Es el Ser que da sentido a los actos. El Ser *nuclear*, se origina en la estimulación de células procesadoras de estímulos -las neuronas-. Almacena estos estímulos, conjuntamente con los procesos físico-químicos que determinan necesidades, reflejos e impulsos. Estas estimulaciones reacciones o reflejos preceden - y posiblemente influyan- los actos nacidos de iniciativas. La Iniciativa surge entonces de la actividad de tejidos, dotados con una vitalidad propia de organismos vivos, a diferencia de la materia inerte como los minerales, las rocas, la arena, el agua o el aire. Se suma a esto la capacidad organizativa de registros, hechos por células especializadas en eso, en registrar. Entonces ya habrá dos fuentes de accionar: a) los fenómenos físico-químicos propios de la vida animada, y b) los registros de acciones previas, almacenados en las células especializadas.

Este Núcleo del Ser es muy primitivo y no creo que sea posible fácilmente observarlo en su constitución ya que sucede en la vida intrauterina.

La importancia psíquica del Ser tiene que ver entonces con: generar las iniciativas desde la espontaneidad de los tejidos vivos, con su vitalidad y expresividad. De acuerdo a las respuestas ambientales se generan entonces Vivencias. Éstas son unidades de vida vivida (o sea con cierta presencia de ánimo), signadas por las impresiones sensoriales sumadas a las repercusiones en emociones y afectos. Estas vivencias tienen un agrupamiento temático, o sea, se organizan en derredor de un elemento centralizador, por ejemplo las vivencias producidas en el encuentro con el cuidador/a principal, con la comida, con los hermanos, el padre y otras figuras del MAE.

Recién cuando la acumulación en un punto temático alcanza una cierta masa crítica que presiona por algún tipo de expresión o manifestación se pasa al siguiente nivel organizativo. Para que se dé la Experiencia es necesario que se haya incorporado en el ínterin algunas funciones nuevas, como por ejemplo la capacidad de **poner en palabra** lo vivido.

❧IX❧

LA INTEGRIDAD
NO ES SOLO DEL CAMPO DE LA ÉTICA.

Con esto quiero decir, que la Integridad no se aprende recitando los 10 mandamientos o el Código Civil, es algo que tiene que ver con las condiciones en las que funciona un individuo, sujeto o persona .

La **integridad** -a mi entender- es la consecuencia de un proceso psicológico que produce la reunión e integración de todos nuestros aspectos personales. Es una integración de lo que somos, de nuestro Ser. Ese ser Uno y no permitir la DUPLICIDAD, o sea la partición en dos o más partes, es lo que asegura la Integridad. Si entramos en la duplicidad, nos partimos en dos, una parte puede decir "no se roba", mientras la otra parte toma lo ajeno como propio. El discurso va por un camino y la acción por el otro, cuando hay DUPLICIDAD. Cuando hay INTEGRIDAD, discurso y acción son convergentes o coincidentes.

Para que la integridad se dé, hace falta entonces un Ser, el cual es a su vez, un conjunto de partes: los sentimientos, las ideas que se analizan y las que se piensan en la propia cabeza. Una instancia que define aquellas cosas que se aceptan o rechazan, en todos los órdenes: del gusto de las comidas, la ropa, la decoración, hasta los libros que se leen, las inclinaciones afectivas y sexuales, las elecciones de afinidades o rechazos personales, las definiciones en el orden espiritual y religioso, las ideologías que se profesan.

Todo eso reunido bajo un principio integrador, al que no se le puede pedir que funcione en todo momento, ya que la vida no es un continuo integrar. Es de tanto en tanto que esta definición de todo nuestro Ser, o de las principales partes del mismo, se reúnen en "***sesión***

legislativa y de forma democrática" decidan una determina política a seguir.

¡Qué lejos está Duffy de esto y cuantas veces lo tuve que hacer Gandhi!

Pero recordemos que Gandhi no llega a esta integridad que lo caracterizó en sus últimos 25 a 30 años de vida. Necesitó pasar por varias experiencias para poder construirla. Y no todas fueron "agradables" o placenteras. El camino a la integridad, aún en personas jóvenes como Sophie Scholl y sus compañeros de la Rosa Blanca, es una sucesión de opciones, en las cuales se elige un comportamiento sobre otro. El campesino Anton podría haber simulado abjurar de sus creencias, *seguirle la corriente a los perseguidores*, y así salvar el pellejo. Quienes quieren "quebrar" la integridad, dan varias *oportunidades* a sus víctimas para renunciar a la misma. Es muy ingenioso el sistema de corrupción de integridad, va seduciendo a su candidato/a, con diversos mecanismos de tono amistoso, despreocupado, con adjetivos diminutivos, mostrando que "pequeño" es el paso a dar.

Otro componente es el de *Vicente, que va donde va la gente*. Esta conducta se impone en lugares en donde la integridad es vista como una pavada cultural, un pérdida de tiempo ante la supremacía que ejerce la corrupción (entendemos ahora a qué se refiere la corrupción, en la medida que corrompe la integridad). Y en eso estamos en tantos casos que ya casi nos pasa desapercibido. Al estilo Cambalache,[33] *y el que no afana es un gil.* Pero no podremos proponer aquí una solución a este problema cultural que sufrimos particularmente en nuestro país, dada la extensión del fenómeno, la profundización

---

[33] Tango compuesto en 1934 por Enrique Santos Discépolo. Letra completa al final del libro.

cotidiana de las técnicas de compra de voluntades, una verdadera carrera en las estructuras de poder. Solo podemos ser uno más de los que advierten sobre la gravedad del problema y proponer un debate que lleve al compromiso personal en contra de los modos de adquirir poder.

Volviendo de esta excursión a lo preocupante, retomamos el tema de la construcción progresiva de la integridad, con costos personales en varias instancias o estaciones en el camino hacia el logro que será forzosamente incompleto en la vida de los individuos.

Y ese es un punto a tener muy en cuenta: solo, uno solo, es mucho más difícil.

Hay un apoyo en un grupo de quienes tienen objetivos comunes en este camino hacia una integridad. Es verdad también que en un cierto grado esa integridad lograda a través de objetivos grupales es limitada a los objetivos mismos, con lo cual otros aspectos pueden quedar no integrados. La cohesión que da un grupo político, religioso o espiritual, reunido en torno a un ideal puede ser muy grande y a la vez muy circunscripta a ese ideal. Es cierto también que desde ese ideal organizador, se suelen ordenar muchos otros aspectos de la vida personal de los individuos. Sin embargo no es difícil comprobar que fuera del círculo de influencia del grupo y alejado de la presencia de quienes nos recuerdan nuestro ideal, el individuo *vuelve a las andadas*. Es decir, necesita enfrentarse personalmente, individualmente, con sus conflictos de intereses, deseos, ideales, necesidades, impulsos. El grupo sirve de apoyo, es un recordatorio de ciertas ideas y determinaciones. Lo es en esa medida y solo como tal. **Las decisiones últimas las toma el sujeto en sí mismo.**

A esto debemos sumar la posibilidad de sostener lo decidido, de continuar pensando y actuando de la manera en la cual se eligió resolver un determinado conflicto de partes internas. Y esto es la prueba en la que fracasamos muchas veces, hasta que finalmente, con suerte y persistencia, logramos sostenernos en forma más prolongada. Como el equilibrista que camina sobre una cuerda, la práctica lo salva de los golpes.

En definitiva, no es imposible imaginar un Duffy político, religioso o espiritual. Los debe haber. Salvo que el grupo tenga muy claras sus formas de sostener a sus miembros, de proponer circunstancias en las cuales estas definiciones personales deben mostrarse como tales.

Tampoco podemos negar que los grupos en sí, solo son una organización de sostén y no necesariamente un sinónimo de integridad en sí misma. No en el sentido de garantizar una adhesión a un fin que se corresponda con la naturaleza inicial del Ser.

Pongamos por ejemplo el sufrimiento causado por un impedimento en la constitución de un Ser que sea acorde a su propia espontaneidad, aquella que genera las iniciativas, por medio de las cuales conocemos el mundo, nos acercamos al Otro. Vamos construyendo aquellas vivencias originadas en la propia espontaneidad que nos conduce a la exploración, a las experimentaciones, al juego, además de esa búsqueda de contacto. De esas vivencias, obtenidas activamente por medio de nuestras propias iniciativas, se construye un tejido experiencial, un edificio de experiencias propias, fundadas en las inclinaciones naturales dirigidas al intercambio entre el adentro y el afuera.(Regresen un momento a las figuras 2 3 y 4 que resumen la construcción de las experiencias, nacidas del circuito iniciativa >>>vivencia, con sus posibilidades activas y pasivas.)

Si esas experiencias están fundadas en vivencias impuestas por el medio ambiente, las construcciones experienciales son de otro tipo.

Cuanto más impuesta sea la vivencia, tanto más negativa será nuestra experiencia.

Es el camino que nos lleva a la reacción, a oponer una resistencia al impacto de vivencias negativas, a la pasividad que engendra esa imposición ambiental constante.

Eso le sucede al bebe que en la relación con su MAE (¿recuerdan el Medio Ambiente Específico?) cuando ese Medio le impone una restricción importante a sus iniciativas nacidas de su espontánea búsqueda del mundo exterior. Si hay además una cierta violencia en el tono, o quizá gritos y alguna forma de imposición física (¿nunca vieron -o sintieron la necesidad de- meterle la cuchara de comida por la fuerza en la boca de un bebe?), la vivencia toma un tinte negativo. Comienzan las reacciones, al inicio de la vida con pocos recursos, pero escupir la comida no es imposible, como tampoco lo es tirarse para atrás, girar alejándose de la cuchara y de la persona que alimenta de ese modo. Y un bebe también puede expresarse violentamente, golpeando una cuchara que se impone, revoleando un plato de comida a su alcance, y el grito, el chillido agudo e intenso , que no hace nada para destrabar la situación y aún puede exacerbarla. Por suerte el MAE tiene también otras figuras, puede aparecer una abuela, un padre, un abuelo una tía o hermano, componedores o al menos que advierten sobre lo que está sucediendo. De ese modo la persona a cargo de la alimentación, puede detenerse, reflexionar, cambiar su proceder.

Las vivencias nacidas de la reacción construyen experiencias muy diferentes. En ellas no hay satisfacción, hay enojo, se genera un resentimiento y las conductas a las que da lugar ese resentimiento son *reactivas*.

Estas conductas reactivas pueden también consolidarse en una persona y transformarse en un "plan de vida", claramente reivindicativo.

Y eso también convoca a la formación de grupos. Por empezar, ya en la edad del colegio, está el grupito de los *malandras*, una palabra antigua para aquellos que son poco afectos a las tareas de aprendizaje o constructivas de vida y están más cerca de actos de alguna hostilidad, como el patoteo hoy más conocido por su pariente sajón, el bulliyng.

Claro que hay construcciones más sofisticadas para la **reactividad** que sustituyó en gran parte la espontaneidad. Gandhi se indigna cuando lo tratan de "persona de color" y lo arrojan del tren. Duffy piensa en apoderarse del dinero del banco, pero no le da para eso, sería una compensación del trato desamorado que tuvo que haber sufrido para transformarse en esa cosa seca, sin vida, y sin siquiera un residuo de vida en la reacción misma.

Actuar por amor propio herido, por deprivación, por desamor. Eso se puede hacer solo perfectamente, pero también se puede buscar el apoyo en grupos que tiene una teoría elaborada para justificar la reacción, la reactividad: la corrección de una injusticia, de la injustica como tal.

El grupo ayuda, pero no necesariamente determina el fin último del quehacer, que queda en manos de la persona en sí, del sujeto que se adhiere al grupo por las razones propias o facilitadas por una suerte de legitimación que da el grupo. *Si lo hacen todos...*

¿Cómo es entonces que se determina la naturaleza del accionar? Siempre por como fue el tratamiento recibido a las primeras manifestaciones del ser, del como ser.

Se podrá objetar que hay inclinaciones perversas en las personas, una espontaneidad que busca destruir, una iniciativa deconstructiva. *¿ No ve que los chicos rompen todo?* No, no lo veo. Lo que veo son chicos que exploran y a veces se sorprenden que algo se quiebra bajo sus manos, que un plato golpeado -con el fin de hacerse oír, o simplemente oír un sonido distinto a otro- se hace pedazos. Y la cara de sorpresa es muy informativa. **No era el propósito.**

De inmediato el chico busca la mirada de su referente habitual. Si es la madre, la madre, si es la abuela será la abuela. Si ésta frunce el ceño, agita la cabeza negativamente, la desaprobación esta a la vista. Si se agregan gritos y palabras en tono cargado de enojo, no hace falta entenderlas para saber que se está en problemas. Pero si hay represalias, habrá más complicaciones. El pellizco, tirar del pelo, pegar en la mano, no solo suelen estar en desproporción con la tarea de educar - argumento muy común para justificar desmadres (*¿Por qué se construirá así esa palabra?*)- y comienza un tipo de vivencia, que si se suma con otras, tejen una experiencia negativa del mundo, del MAE. Y no es raro observar al bebe que cuando le dan un chirlo, en lugar de largar el habitual chillido de desaprobación y dolor -más por el desengaño que por el dolor físico- arroja algo más al suelo, la cuchara, el vaso y comenzó la escalada. Ahí se empieza a jugar el "*no me vas a ganar a mí*" que es el origen de tantas pulseadas. Se inició el conflicto, el ambiente enfrenta al chico porque lo vive como un "*desarreglo*" que hay que componer rápidamente.

Es posible que la experiencia permanezca aislada y sea la respuesta a un "*mal día*". Es quizá un chico con mucha vitalidad y una cierta descoordinación que causa más dificultades que "*su hermanita que era una princesa*". Pero puede ser una mama complicada, o una cuidadora indiferente y contratada para una tarea que haría en su casa y no por el pago que le dan para hacerlo en casa ajena. Es decir que puede haber una habitualidad en las respuestas adversas que engendran una conflictividad donde debiera haber un **Espacio** para la tolerancia de quien da sus primeros pasos exploratorios en el mundo.

Tuvimos que tocar de alguna manera cual es el pensamiento sobre el origen de los males, del comportamiento adverso. Y sí, me confieso adherente a la teoría de la inocencia primaria, un poco en la línea de Rousseau más que la de Hobbes. Éste último parte de la idea de un ser humano de tendencias negativas a quien hay que domeñar, amaestrar para convivir en la civilización. En su pensamiento se basan los sistemas de fuertes leyes y castigos rigurosos, puestos en práctica por un estado que por medio de la policía controla severamente a sus miembros.

Si hay un comienzo desafortunado, ese individuo requiere un largo y complejo sistema de construcción de vivencias-experiencias constructivas, bajo la guía de alguien que sepa desandar el camino del desmadre. Ese es el campo de la resiliencia, de la recuperación de un aprendizaje dolorosamente deconstructivo, reactivo, obstructivo, conflictivo.

El *comienzo desafortunado* es fruto de una serie de hechos, y no puede atribuirse exclusivamente a la cuidadora o cuidador primario. Un nacimiento prematuro requiere todo un arsenal de medidas preventivas para garantizar, no solo la vida física del sujeto en riesgo. Deberá conocer también tempranamente la presencia de un ser que le acerque las distintas formas de contacto a las que pueda acceder, ya que no solo requiere buena temperatura, oxígeno y medicamentos; requiere el contacto humano, la voz (cantarle, hablarle), el tacto, los masajes del pie o de la parte disponible del cuerpo del prematuro. Es necesario un aliento especial a estas madres que requieren hacer enormes esfuerzos para acompañar a sus prematuros además de cuidar de sus familias en la medida que ya tienen otros hijos.

Las sociedades no suelen tener la tolerancia de una madre, de una abuela o tía, de una cuidadora paciente y respetuosa del sujeto en desarrollo. Y las exigencias de "portarse bien" se vuelven más y más rigurosas a medida que avanza la edad del sujeto humano que compone esa Sociedad. Cuanto más libre es una Sociedad, mayores son los requerimientos a sus integrantes. Deben aportar impuestos con los cuales cubrir el déficit de aquellos que no están en condiciones de sostenerse por sí mismos. Desocupados, enfermos, discapacitados, ancianos, son solo una parte del entramado social al cual el resto debe cuidar por medio de un estado distribuidor. Eso hace que en los países de mayor protección - a los que irónicamente se suelen referir algunos políticos como "*Estados de bienestar*"- lo son realmente pero sobre la base de un gran esfuerzo de quienes están en condiciones de producir y cuyos impuestos crecen en la medida de los requerimientos de un bienestar lo más difundido que se pueda.

En cambio en los estados totalitarios se observan poblaciones marginadas que reciben subsidios o directamente dádivas a cambio de su adhesión al sistema dominante.

Hay un ejemplo social y antropológico de sumo interés que ha ocurrido en los últimos 20 años: la reunificación de Alemania tras la caída del muro. Dos sistemas políticos en las antípodas con sus desarrollos correspondientes.

Pasada la euforia inicial, de un lado comenzó la queja de las "cargas" del sistema para sostener una incorporación tan desigual[34]. Por el otro la añoranza del

---

[34] ¿Qué otro ejemplo se podrá dar de un país haciéndose cargo de otro a fines del siglo XX? Pensando además que lo que se hacía no era "negocio", era volver a unir lo que la guerra había fracturado.

puesto garantizado al ser el Estado el único empleador posible, bajo el lema: *yo hago como que te pago y vos haces como que trabajas.* Salvo que uno se metiera en complicaciones por comentarios, disensos o la oposición a las reglas, no había bienes pero tampoco mayores males; no más que los que la vida trae en general. Ciertamente los cuidados de la salud no tenían la misma calidad diferenciándose así dos modos de envejecer y dos promedios de expectativa de vida, pero no había mucha información para comparar.

Hoy los temas de la integración siguen tan actuales como en su momento inicial, si bien van cambiando los motivos.

Ni bien se produjo la caída del muro se creó en Alemania Occidental un instituto para la reunificación, con sociólogos, antropólogos, psicólogos, politólogos y muchas otras disciplinas, para estudiar el mejor camino posible.

Pero aun viven predominantemente los que conocieron los dos sistemas, quizá en otros 20 años, la mayoría será la que no conoció otra cosa que la actual configuración.

RESUMEN

Hemos hablado de la integración a nivel personal y social, como formas de reunir partes diferentes orientadas a un fin común. Este fin común puede ser tanto una definición personal, la elección de una respuesta consensuada entre tendencias divergentes y aún opuestas entre sí, como una respuesta a exigencias externas que ponen a un individuo ante la necesidad de sostenerse, o responder a la adversidad. Es la situación que suele designarse como "*puso a prueba su integridad*", o como en algunos de los casos definidos como **coraje**. O los que se mantuvieron fieles a sí mismos, acompañando el proceso de "puesta a prueba" con sucesivas adaptaciones, algunas grandes, pero la mayoría micro-adaptaciones, un concepto asociado al de micro funciones del psiquismo. Estas entidades de las micro funciones son más afines al manejo global de **un ser en el mundo**, que a un aparato que tiene como función mantener un equilibrio entre demandas internas y externas.

❧

"El ser en el mundo va cambiando junto con el mundo, tanto como por las modificaciones en los niveles de comprensión, elaboración y definición a niveles individuales y en muchos casos por los que van construyendo grupos de personas con elecciones afines. Un ejemplo de la cultura judía es el hábito continuo de la lectura de la Torá y sus interpretaciones hechas en forma individual o colectiva."

Esta idea de un *ser en el mundo* está ligada a una serie de hechos propios en la vida de las personas, más allá de sus inclinaciones, deseos, pulsiones. Incorpora los **valores** como entidades constitutivas de las personas, elegidas por las mismas, elaboradas en un proceso de elección, selección y opciones en contínuo desarrollo. El ser en el mundo va cambiando junto con el mundo, tanto como por las modificaciones en los niveles de comprensión, elaboración y definición a niveles individuales y en muchos casos por los que van construyendo grupos de personas con elecciones afines. Un ejemplo de la cultura judía es el hábito continuó de la lectura de la Torá y sus interpretaciones hechas en forma individual o colectiva. O el estudio y discusión en grupos de cualquier religión o sistema de pensamientos, ligados a los valores y formas de entender la vida, la convivencia, el sentido de la vida.

Esto es posterior a momentos del desarrollo donde predominan las acciones espontáneas, las pulsiones, los deseos, las reacciones y las formas menos elaboradas del comportamiento.

Para este desarrollo personal no se requiere siquiera de una elección religiosa o político-ideológica, ya que se da en el hecho mismo de madurar en las diferentes etapas de la vida, con predominio hacia una forma superadora de sí-mismo. Este es el caso de la propuesta de Erikson, según la cual el *fin-objetivo* de la vida puede ser la impostación de un *como sí*, o bien podemos basarnos en el concepto de la integridad como sabiduría, en la cual, -como aprendimos de Kohut-, hay una aceptación de la propia transitoriedad y la posibilidad de haber asimilado los conocimientos transformados en un saber personal, que lo tiene tanto el pastor en la montaña como -quizá hasta con más dificultad- un eminente profesor universitario. O sea, la integridad no tiene nada que ver con conocimientos informativos, títulos académicos, mente aislada sin afectos concordantes. O sea, es un logro del proceso de estar en el mundo haciendo los desarrollos de cada etapa de la vida.

Por lo tanto, la integridad se da en determinadas circunstancias que así lo requieren y además como un resultado de una vida vivida con un desarrollo personal basado en las reflexiones sobre la misma: el aprendizaje, las correcciones, la aceptación de lo inmodificable (la muerte, el sufrimiento, el dolor, la pérdida); o la rebelión ante estos aspectos de la vida, con reacciones negativas hacia dichos episodios. Estas reacciones no deben ser inmodificables y de hecho las personas transitan por las mismas en determinadas circunstancias, hasta que alguna oportunidad les muestra el camino a la aceptación.

La integridad va cursando entonces con nosotros a lo largo de la vida, como un acompañante permanente o discontinuo, expresión del desarrollo humano en todas las categorías de orden social, cognitivo o mental. Habrá algunas circunstancias en las cuales estaremos más exigidos en cuanto al mantenimiento de la misma y momentos de cierta disolución.

La integridad implica entonces también un cierto **trabajo interior**, un proceso, un cierto zigzagueo, pero con una línea y una orientación en una línea bastante determinada por las circunstancias personales y el monto de las pruebas a las que nos vemos sometidos.

En este trabajo podemos recibir diferentes grados de ayuda por parte de otros seres. Este aspecto relacional es especialmente válido en cuanto a la **formación de una pareja** en la mayoría de los seres humanos, si bien no es un requisito excluyente. Así como también lo son los hijos. Las amistades juegan en esto un fuerte rol, y eso queda marcado en aquel dicho: ***dime con quién andas y te diré quién eres***...

Por eso, volviendo al Prólogo, un psicoanalista y escritor les habla del SER, pensando además, que es de interés general saber para qué sirve el SER, y no un **monólogo/discurso de especialista**.

ŏⱻⱷ

"La integridad no tiene nada que ver con conocimientos informativos, títulos académicos, mente aislada sin afectos concordantes. O sea, es un logro del proceso de estar en el mundo haciendo los desarrollos de cada etapa de la vida."

X
EL SER Y LA CREATIVIDAD

Si bien este es el tema de otro ***Compendio*** en esta Serie, no puedo menos que incluir un apartado mínimo sobre este punto, quizá uno de los más interesantes....

La Creatividad (y solo aquí lo destaco con mayúscula) es la capacidad de un Ser activo, no encapsulado y no retraído, de hacer una transformación.

¿De qué a qué?

Esencialmente de vivencias acumuladas a lo largo de la vida y que presentan una dificultad para poder ponerse en palabras vía la transformación en Experiencia (véase nuevamente las Figuras 2 y 3).

Habitualmente canalizamos lo vivido a través de un discurso, de un diálogo con nuestros seres más cercanos. Es lo que se da en la amistad, en las parejas -cuanto mejor constituidas tanto mayor el caudal de éstas transformaciones dentro de ese vínculo- en las relaciones laborales, o entre hermanos. Donde sea. Y si no alcanza, lo hacemos profesionalmente o aficionados a la escritura, un camino que cada día tiene más adeptos. Activos escritores y receptivos lectores, muy a pesar de las agoreras predicciones de la desaparición del libro. Talleres literarios florecen en todas partes, ricas y pobres; intelectuales o de seres comunes, el *homo cualunque* como lo llamaba un analista que conocí.

Pero hay vivencias reacias a ser "puestas en los grilletes de la palabra". No quieren dejarse limitar a una sola forma de cuajar simbólicamente. Y aparecen las artes de todo tipo: plásticas, música, teatro (palabras o no[35], pero acompañadas de gestos, mímicas, lenguaje corporal,

[35] Las últimas obras de Samuel Beckett fueron sin texto alguno

movimiento, interacciones vinculares, la escenografía, el acompañamiento musical); de ahí a la ópera, en esa síntesis de múltiples expresiones, (ya que algunas incluyen la danza, además de todo lo dicho) hay varios pasos más. No sé si siempre cualitativos, pero ciertamente de complejización. El cine, pero especialmente el cine-arte, más que el cine espectáculo. El cine-arte se diferencia en algunas cosas del teatro, se puede rebobinar y volver a impresionarse con una escena, con el fin de comprenderla mejor. Ponerla a las 3 de la mañana en un insomnio cargado de curiosidad o conflictos sin salir de casa.

Bajo a la tierra, de mi excursión entusiasta por este capítulo: Sí señora, o Señor, cuando usted cocina puede ser extremadamente creativo.

Ya sé que pasar la aspiradora tiene pocos aspectos creativos, para no decir ninguno, pero así está compuesta la vida. Cuando el pintor lava sus pinceles, cuando el músico compone su instrumento, cuando los artistas ensayan y repiten una tras otra la misma escena hasta que es del gusto del director, no viven en un éxtasis creativo; más bien se aburren.

El que transforma vivencias en experiencias busca un sentido a lo vivido, pero específicamente busca librarse de algo que está muy profundamente localizado en su ánimo, en su Ser. A veces perturbadoramente, otras como una semilla que busca romper la corteza de tierra y emerger a la luz del sol, para cumplir un designio inscripto en su código genético.

Y esto del código tiene que ver con los creadores y sus talentos, sus dones, su disposición. Me gustaría poder hablarle de *Seraphine* [36] aquí mismo, en lugar de demorarlos hasta que tengan el otro Compendio sobre creatividad. Pero solo puedo incluir lo siguiente: una

---

[36] Basado en la vida del pintor francés Séraphine de Senlis.

mucama, mujer que hace limpieza por horas en casas de personas que le pueden pagar, tiene un secreto. Pinta. No solo pinta, crea sus propias pinturas a partir de elementos de la naturaleza, tierras, plantas, minerales, y sangre que obtiene del carnicero. Si no hubiese sido porque uno de sus clientes era un famoso galerista alemán, quizá nunca hubiésemos sabido de ella. No todos van a la Escuela de Artes, no fue van Gogh, ni Gauguin (si ya sé, tomó algunas clases, ¿pero realmente cree que ese es el motivo del genio de este corredor de bolsa?). El código que llevamos dentro, por el camino que sea, determina que tengamos un talento musical o para la pintura o para las letras, escribimos poesías o teatros, por una *necesidad interna*, no como un laburo (en otro libro (Hoffmann M. , ¿Que ibas a ser de Grande?, (en prensa))distinguí "laburo" para ganarse el pan de **trabajo** para disfrutar y expresarse).

Esa necesidad supera otras, algunas mucho más básicas como el hambre, dormir, relacionarse, tener afectos y amores.

¡Pero si los artistas son todos locos!

(Ese que hablo recién, era un loco, ¿no?)

Pero bueno, concedamos que no deben ser fáciles para convivir.

Quien haya leído una biografía de Marguerite Duras, o alguno de sus escritos autobiográficos, sabrá cuanto aislamiento eligió tener, cuanto sufrió por eso, cuantos precios pagó en esa elección.

Soledad, convivencias conflictivas, necesidades insatisfechas, ¿elecciones o condenas?

La respuesta puede estar en algunas cosas de Robert Musil, pero la tarea de leer *El hombre sin cualidades*, no la he podido completar (aún[37]). Pero lo suficiente para decir que ejemplifica a través de sus antihéroes un espejamiento de su propia creatividad, aplicada a la comprensión del sentido de la vida de aquél *homo cualunque* que introduje más arriba. Ejerciendo así el doble rol de quien elabora para sí y a la vez es un cronista de las historias del Ser contemporáneo. Tarea que comparte con la mayoría de los escritores, quienes tratan de captar el modo de vida, poner en palabras vivencias comunes pero a la vez únicas por su subjetividad, captando esa cualidad de percibir la vida que tienen las personas de todo tipo. A eso se debe la multiplicad de personajes literarios, difícilmente superponibles con los de otros autores, salvo los de Shakespeare, que parecen más arquetipos que personas concretas.

En todo caso, menos mal que los hubo. Nos aportan esas palabras que muchas veces nos faltan para expresar estados de ánimo, aflicciones que parecen únicas y luego de leer una obra o verla en el teatro, en el cine en la Ópera, ya no nos sentimos ni tan solos, ni tan exclusivos. Quienes se conectan más en forma visual con la pintura, la escultura, la fotografía (para mí una de las más poderosas expresiones de arte), o que lo viven a través del cine (una de las pocas adicciones que sobrevivieron en mi vida), tienen ese otro camino.

Sin embargo, no siempre se trata de encontrar "las palabras justas". No todo quiere convertirse en experiencia.

Hay un importante mundo vivencial, que solicita con frecuencia ser alimentado, nutrido con nuevas formas de vivenciar algo conocido pero no del todo, o repetible.

---

[37] Cuando compré el primer tomo, la librera, claramente competente, me dijo: *lleve primero este, si lo termina venga a buscar el otro.* Todavía no volví.

Los que leen poesía, no buscan entender, al menos en muchos casos nos interesa más volver a vivir, revivir, vivir de otro modo, cosas que son significativas en la vida de todos nosotros: el amor, la amistad, los hijos, la naturaleza, las estaciones del año, la belleza, la pasión, la pérdida ,el dolor, la monotonía de rituales o hábitos cotidianos, la pesadumbre, la esperanza y su contrapar, ilusiones, sueños de noche o de día, la lista es interminable y sin entrar en todo el universo del displacer, de la malicia y la maldad, la crueldad, el egoísmo y desinterés.

No puedo cerrar este capítulo sin darle una explicación de esta forma tan particular de vivir en un sub-mundo vivencial que no desea expresarse en palabras por hacerse entender. Para ello acudo a la ayuda de un autor que a pesar de haber sido vituperado, exonerado de la asociación británica de psicoanálisis y acusado de una serie de situaciones personales dudosas, me ha permitido personalmente entender aspectos con los que se meten pocos clínicos y teóricos.

Voy a traducir en forma libre párrafos de un capítulo de página y media, quizás el más corto que haya conocido (Kahn, 1983): "*...no me ocuparé en este capítulo de las miles de vicisitudes en la relación madre bebé, en cambio pondré mi atención en el Infante cuidado y a **solas consigo mismo** en un estado de quietud y bienestar. Gran parte de la infancia y de la niñez temprana se transita en este estado y es poco lo que se ha escrito al respecto por los analistas con la excepción de Winnicott.*

*¿Cuál es la naturaleza y la función de esta solitud en la infancia? Primariamente provee tanto el **espacio** como el **tiempo** para que las capacidades biológicas innatas se concreten en estados psíquicos personalizados. De este modo y en forma gradual **el** Infante se transforma en **un** infante: una persona con sus plenos derechos y en la privacidad de su ser.*

En segundo lugar, mucho de aquello que el infante es incapaz de transformar en experiencia psíquica por falta de madurez suficiente en esas primeras etapas de la vida, cae en el olvido. Se me ocurre que es a esto a lo que se refería Freud con su concepto de la represión primaria. Pero entiendo que lo que cae en el olvido no se pierde -reaparecerá más tarde en estados privados de ser loco. Y aquí uso deliberadamente la palabra loco como una distinción del concepto de psicótico, ya que cada adulto es loco a su modo muy privado y también afirmo que todo adulto está esencialmente sólo.

*La siguiente cuestión es cómo experimentamos y concretamos esta locura y soledad[38] en la vida adulta. A mi entender disponemos de tres caminos: a) por medio del arte y la literatura; b) compartiéndolo con **el otro** en la mutualidad serena; c) en estados místicos del ser como los que viven los sufís persas o los monjes zen*

*Sí como analistas intentamos dar sentido al **sinsentido** -si en alguna oportunidad el paciente se permite exponer la locura personal ante nosotros - privamos al paciente de su potencial creativo de su locura personal, que regresa inmediatamente al olvido dejando al paciente ni loco ni sólo, simplemente perdido y en soledad..."*

Sin duda es una explicación bastante atípica, pero igualmente atípica es la posibilidad de asumir el estar solo a pesar de los múltiples vínculos, y algunos de las características que menciona Kahn de la serena mutualidad. A mi entender designa así a los estados en los cuales existe un profundo encuentro entre dos seres donde no participa el erotismo, la posesividad, la lucha por el poder o competencia,

---

[38] La solitud es un estado del ser diferente a la soledad; la solitud no se experimenta con dolor, no se vive como un abandono, muchas veces es buscada o sea intencional, es el estado en el cual se puede desplegar la creatividad puede, o, en general, se puede producir la expresión del ser.

la envidia, el rencor, la idealización y otras formas de restar serenidad a un encuentro.

Son temas que transcurren en espacios de mucha intimidad, que requieren de un acceso a los aspectos más ocultos en el ser de cada uno de nosotros. Creo que es el privilegio de las madres de tener acceso a esa mutualidad serena, en momentos en los que la diada está en solitud, en ese silencio cargado de comunicación que se ha intentado conceptualizar como intersubjetividad. También es el privilegio de ciertos estados de amor en los cuales el abrazo es el medio de comunicación que puede perdurar durante muchos minutos incluso algunas horas.

Es en esa solitud en la que el artista se conecta con las raíces de su creatividad profundamente insertadas en los estados infantiles que han caído en el olvido, y que podrán expresarse con palabras pero que no se entienden de manera literal sino por las representaciones que evocan. Más comprensible resulta el encuentro no verbal con la creatividad plástica o musical, en la cual también se da la posibilidad de compartir transitoriamente un espacio de mutualidad serena con el creador. Y desde ya la poesía que si bien usa palabras, estas funcionan como símbolos desencadenantes de estados interiores gracias a su encadenamiento muchas veces musical, al menos rítmico, donde rimar equivale a la similitud entre el deseo del artista de conectarse con la evocación que produce en su lector.

Es decir que hay un mundo sin palabras, o con palabras que funcionan como un sistema de lentes y espejos que nos permiten acceder a imágenes que nos tocan interiormente, nos conmueven, nos sacuden, enojan, o no llenan de tristeza, enlazando así con pérdidas. También exaltan nuestro espíritu generando un estado de gloria, una intensa conexión con el estar vivos….

Este es un tema que por si mismo merece un tratamiento más detallado, pero que no podremos desarrollar en el contexto de esta monografía.

☙❧

"Khan habla de serena mutualidad. La entiendo como estados de profundo encuentro entre dos seres, donde no participa el erotismo, la posesividad y envida, ni luchas por el poder, o se reducen a un mínimo, facilitando la serenidad."

&XI&

SABER QUÉ ES
Y DE QUÉ SIRVE EL SER

Es importante para entender sus alteraciones, sus desvíos, su enfermedad, su descomposición. No poder SER, o SER pero defectuosamente, intermitentemente, es algo que puede afectarnos a todos.

Recordemos que los fundamentos del Ser se forman en épocas muy tempranas, en la vida intrauterina, en aquellas vivencias de los primeros hechos que impresionan a un sector del nuevo Ser que está destinado a recepcionarlas (el emergente sistema nervioso). Luego, durante el primer semestre de vida extrauterina, se manifiesta por medio de actitudes espontáneas, organizadas como iniciativas. Las iniciativas llevan a una de cuatro acciones descriptas más arriba. Son diferentes a las reacciones, reflejos o impulsos. Una parte de las acciones del sujeto emergente (o sea, ese nuevo Ser que comienza a manifestarse por medio de sus iniciativas) se adaptarán a los requerimientos de su MAE, el cual le pone límites a una expansión ilimitada, pone ciertas condiciones, impone ciertas reglas. Este intercambio de iniciativas y respuestas ambientales se va organizando en forma de negociaciones permanentes en cuanto a la cantidad de lugar dado al nuevo ser en el campo de las interacciones (ver Figura 3). Ese lugar que se le hace al nuevo ser puede ser suficiente o restrictivo de las expresiones del mismo. Si las restricciones son muy grandes puede haber expresiones de descontento, que se manifiestan de manera clara, lo cual puede provocar rectificaciones del MAE o bien conflictos entre el nuevo Ser y su entorno. En el segundo semestre ya hay ciertas pautas establecidas, que irán variando a favor del sujeto emergente, como demostró el "aprendizaje" del MAE en nuestra investigación (Hoffmann, J.M., Popbla,L. Duhalde,

C., 1998), llegando prácticamente a duplicarse el número de respuestas favorables al final del año, respecto al comienzo a los cuatro o cinco meses.

La parte del sujeto que se va adaptando por negociaciones sucesivas a las pautas y reglas del MAE es un aspecto protector del núcleo del ser, destinado a permitir su desarrollo, mientras se negocia con el MAE un conjunto de comportamientos requeridos. Si los requisitos son demasiados, o bien no ceden a los reclamos del nuevo Ser, se establecen conflictos. Estos conflictos ciertamente dañan el desarrollo del nuevo ser, si no se corrigen dentro de ese período de negociaciones con expresiones de disgusto y conflictos.

Hacia el final del primer año debe haber ya una cierta autorregulación del sistema sujeto-MAE. Si no es así, hay pautas conflictivas que se trasladan al segundo año, complicando el desarrollo del sujeto emergente.

Esa parte protectora es el sí-mismo adaptativo, que permite vivir en redes vinculares y sociales. No siempre podemos decir o hacer lo que nos nace espontáneamente ya que el Otro también tiene su sistema de captación de impactos y transformación en vivencias, con todo su ciclo hasta la experiencia.

Fue una elección desafortunada que a este aspecto adaptativo del Ser se lo designara en la clínica anglosajona como **falso self**, o sea, sí mismo falso. El mismo autor que puso en circulación el término, distingue en un trabajo cinco niveles de este falso Self, de los cuales los dos primeros están dentro del rango de las conductas adaptativas habituales en todos los seres humanos. Recién los siguientes tres hacen una escalada hacia lo patológico, donde el quinto nivel equivaldría a un predominio franco del falso Self por sobre las acciones del ser verdadero. Es decir, en otras palabras, que esa persona es más **reacción** que **acción espontánea**, hasta llegar al extremo de ser casi exclusivamente reacción.

Entre los dos primeros niveles del Ser adaptativo están las modalidades del comportamiento social, regido por algunas reglas básicas que hacen a la convivencia, saludar al vecino si bien uno puede tener cierta animosidad por su comportamiento como vecino, o respetar las reglas del conjunto social aunque incomoden o restrinjan las espontaneidades de cada uno. Ese autocontrol es el que permite el respeto por las reglas de una comunidad, desde el edificio en el que vivimos, pasando por la calle que compartimos llegando hasta estructuras tan complejas como la Sociedad que debemos construir juntos. Es también una señal de respeto por el Otro, con el cual mantenemos una relación de mutualidad, y esperamos recibir ese mismo respeto y consideración.

Si bien no entramos en este **Compendio** en las dificultades de la patología del Ser y sí lo haremos en otro, podemos aquí dar algunas ideas generales al respecto:

Un predominio de la adaptación por sobre la espontaneidad nos dará un tipo de patología que acertadamente fue llamada por David Liberman **sobreadaptación**. Según este psicoanalista argentino, fallecido en 1983, este tipo de patologías se da en personas que no han podido completar su desarrollo infantil y han debido adoptar conductas adultas a una edad prematura. Por ejemplo, han debido constituirse en guardianes de sus mayores, afectados por diversos trastornos, como depresiones ,alcoholismo u otras adicciones, enfermedades mentales graves, ausencias prolongadas o reiteradas, dejando al chico en cuestión " a cargo" de las tareas propias de dicho adulto. Una forma particular es la de hacer un parentaje de los padres , madre o padre o ambos. Cuidar a los cuidadores, es una reversión del sentido de los cuidados que afecta gravemente al ser en desarrollo.

Una forma más atenuada es la de la persona que busca agradar permanentemente, que es en exceso **complaciente** con los deseos ajenos. De alguna forma los deseos ajenos se han instalado como motor del comportamiento personal y han desplazado a los propios deseos o peor aún, les han impedido su desarrollo.

En nuestros ejemplos, Marianne seria un ejemplo de este segundo grupo. En cambio el Sr. Duffy es un prototipo de un tercer grupo, los que se acorazan en un formalismo rígido, que en lugar de comportamientos espontáneos tienen rutinas y hábitos permanentes y estables, de pocos repertorios. El caso de Gandhi que también analizamos, es el ejemplo de alguien que está muy compenetrado con los dos primeros niveles de Ser adaptativo, pero que conserva un fuerte núcleo de Ser espontáneo. Cuando las circunstancias lo llevan a una confrontación con esos niveles adaptativos, primero reacciona y tiene respuestas de tipo reivindicativo, se constituye en un agente de la reacción a un modelo de Sociedad de bases injustas y tomando la defensa de los más desamparados ataca aquello que lo hirió a él en su amor propio. Con el tiempo este proceso va tomando otras características: pasa de un modelo reactivo a un mayor grado de reflexión, tratando de llegar a las raíces últimas del problema; descubre que es mucho más amplio que las discriminaciones raciales. Finalmente llega a elaborar una respuesta de no violencia, pero activa, una forma muy original nunca empleada en escala política. Lleva a su Ser al máximo desarrollo, limitando mucho sus necesidades personales, hasta un mínimo absoluto. Privilegia la reflexión y la meditación antes de la acción, para darle la mayor direccionalidad posible.

Las patologías extremas son formas agravadas de un predominio total o casi total de la reacción por sobre la acción espontánea, llegando a reemplazarla. Allí tendremos las paranoias, las formas de aislamiento extremo, algunos cuadros agudos de violencia indiscriminada.

En la transición entre la patología y la vida diaria la mayoría de nosotros (para no hablar de normalidad) existen tonalidades muy variadas de estas diferentes formas extremas. En general el problema es la mantención de un cierto grado de integración-cohesión, entre nuestras diferentes partes constitutivas. Somos un poco lo que hacemos, somos en relación a nuestros vínculos de todo tipo, tratamos de ser algo que hemos anhelado ser, tenemos ambiciones, ideales y vamos forjando valores. Mantener una integración de esas diferentes partes es un ejercicio cotidiano en el camino al desarrollo permanente, pasando por las diferentes etapas que señalan por ejemplo autores como Erikson. Pero en muchos momentos estamos más dispersos que integrados, divididos en distintas adhesiones a vínculos - no todos compatibles entre sí- viviendo situaciones colectivas, sociales, que nos vuelven a sobre-exigir en cuanto a las posibilidades de adaptarnos, por ejemplo a un grado creciente de violencia social, crimen, delictividad, alimentados por noticias alarmantes, imágenes perturbadoras, realidades de una diversidad angustiante en extremo. Todo eso conspira contra una integración-cohesión perdurable.

Por lo tanto los trastornos del Ser no son un padecimiento limitado a los enfermos mentales - entre los cuales por otra parte, hay muchas veces personas con un SER bastante fuerte y productivo, -solo piensen en van Gogh[39]- si recordamos que la Creatividad nace del Ser, de

---

[39] Sus reiteradas internaciones comenzaron más como lo que se podría llamar crisis de angustia las que hoy se tratarían posiblemente como ataques de pánico. En las últimas llegó a sufrir alucinaciones, ataques de ira y cólera. Hay mucho escrito sobre la naturaleza de su padecimiento psíquico por lo cual no me detendré aquí más que para decir que no influyeron negativamente en su capacidad de expresarse. Quien haya

su espontaneidad, de sus vivencias no transformadas en experiencias, y a la vez asociados con un profundo deseo de darle forma a dichas vivencias.

Me animaría a decir que hoy por hoy , especialmente en los países llamados "occidentales y judeocristianos", rigen condiciones que bombardean al Ser de manera permanente. Además usando tácticas de mucho ingenio un aspecto de nuestra cultura logra, por ejemplo, mediante el marketing y la publicidad, hacernos descubrir que tenemos deseos inesperados y de una urgencia infantil que nos llevan a creer que no podremos ser felices, que no podremos vivir, que *no seremos nadie* sin tal o cual objeto.

A esto se suma un achatamiento en los gustos personales de las personas, tendiendo hacia concreciones muy inmediatas de deseos, que además cuentan con muy bajo nivel de complejidad, casi se diría que son muy primarios o primitivos. El verdugo del estado de Texas contó recientemente (Diario La Nación, Enero 2010) que el último deseo de los reos condenados *era una hamburguesa*. Qué final tan triste y banal.

La información y su manipulación por los medios vuelve a cortarnos el Ser en pedazos o lo fragmenta ¡***con lo que cuesta mantenerlo integrado***! Recuerdo el film con Dustin Hoffman como periodista cubriendo un secuestro en un Museo, y John Travolta el cuidador haciendo una rebelión con secuestro de chicos, donde la rivalidad entre dirigentes de los medios llevó a un desenlace que podría haberse evitado, salvando una vida. ¿Ficción? Muy realista en todo caso.

---

visitado Saint Remy- donde aún está el pequeño hospicio de pacientes mentales- verá los cuadros y su situación original en carteles colocados donde los pintó, y aún se reconoce el fondo de la naturaleza que intentó reflejar a su modo personal.

Sin ese estruendo, podemos vivirlo en intimidad, como un estado subjetivo de extrañamiento, de no reconocer la realidad o a nosotros mismos. En el primer caso se pone la etiqueta desrealización, en la segunda, despersonalización, siendo solo dos partes de un mismo fenómeno que afectan al Ser y no le permiten mantener una cohesión suficiente como para *sentir-se uno mismo en el mundo.*

Hay la experiencia contraria, el tener un momento de fuerte integración de uno mismo con el mundo. Recuerdo un episodio de hará 20 años, banal, secundario: Pedaleo fuerte con mi bicicleta, entro en la sombra de un bosque denso, el fresco es un alivio del calor soportado en la calle de tierra a pleno sol de verano; el eucalipto huele fuerte, la resina de pinos tiene ese aroma dulzón y penetrante a la vez, siento los manillares de goma fuertemente prendidos por mis manos, ya que hay una barranca descendente de mucha inclinación, respiro hondo, siento una plenitud total, no pienso, recojo los elementos que me ofrecen mis sentidos y lo refuerzo con respiraciones lentas y profundas.

No me podré olvidar de eso; me volvió el otro día. Estaba en una situación difícil, quizá enfrentando un conjunto de fuerzas que amenazan la cohesión de mi sentirme en el mundo. A partir de ese registro o conjunto de registros, que me gusta llamar Vivencia, como una entidad de mucha gravitación ya que abona, sostiene, construye a mi ser, lo cohesionan, lo integran; así como otras son centrífugas, tiran partes hacia todos lados, provocan esa angustia insostenible que puede llevar a la pérdida de cohesión.

Si esto le hace pensar que "debo estar muy enfermo", le respondería que quizá estoy en peligro de estarlo, pero de tanto en tanto. Que esto que le cuento es un "comprimido" de muchos días, semanas y meses, muchos de los cuales transcurren dentro de oscilaciones tolerables en un sentido u otro. Pero creo que salvo que se esté muy "encapsulado", muy "enlatado", dentro de una armadura (¿recuerda el de la armadura oxidada?), esto es así para todos.

Algunos más. Algunos viven más expuestos, pero a cambio tienen una sensibilidad extraordinaria para lo que le pasa a otro, lo que sucede en la vida de otros, lo que se representa en una obra de arte, o en la música. Alguna vez alguien me dijo en francés, pero lo traduzco porque desconozco la gramática gala : *es el defecto de las cualidades; cuando un instrumento es muy sensible se descalibra con facilidad.*

⫷XII⫸
Epílogo

El Ser -el que logramos observar, ya sea en un niño o adulto- es el resultado de una fuerte y definida individuación.

La individualidad la comprobamos por medio de sus expresiones, de lo cual nos ocupamos extensamente.

Y esto no es proponer el individualismo. Es todo lo contrario. El individualismo es el fracaso de la constitución de lo individual, y por lo tanto del Ser mismo. El individualismo es la patología del *no lograr-ser*. Es una caricatura de la individualidad, con su rígida demanda de satisfacciones personales que por otro lado no parecen saciarse nunca. Es el fracaso de un proceso de crecimiento y desarrollo de las iniciativas personales, como hemos visto a lo largo del **Compendio**.

En lugar de saber darle sentido a las acciones que llevan a aquello a lo que aspiramos, el individualismo busca un sentido en las cosas, o en ciertas situaciones que de alguna manera remedan lo que faltó en el desarrollo de esa persona. Es la búsqueda de la completud faltante. El individualista es el producto de un ambiente que no le permitió SER lo que podría haber sido.

El Ser es incognoscible como tal.

No se lo puede ver ni medir, a no ser por las manifestaciones de su existencia que produce como hechos de la vida de las personas. Su origen primario está enraizado en procesos físico-químicos muy tempranos , recibidos por las primeras organizaciones del Sistema Nervioso, forma de registro y regulación de todas nuestras funciones corporales y psicológicas. La muerte cerebral es el requisito para declarar la muerte de una persona. El coma sin embargo no es la anulación de todas las funciones de un ser humano. Es posible que personas en diferentes grados de coma escuchen y reciban impresiones provenientes de sus diferentes sentidos. Por este motivo es que se suele acariciar y hablarle a las personas en estados de coma, observándose durante estas administraciones ciertos signos de relajación o alguna otra manifestación que demuestra el hecho de estar siendo recibidos. Es también un hecho observado que las personas que salen de un estado comatoso recuerdan haber recibido algunas de las administraciones recibidas.

Si nos detenemos en estos datos es para mostrar la interdependencia que hay entre el cuerpo y el psiquismo, en particular el sistema nervioso.

A partir de ahí, puede seguirse por el camino de la indagación psicológica. Aclarando que el campo de la Filosofía y el del Teología parten de otros instrumentos conceptuales, que no invalidan los desarrollos hechos por la psicología. Quizá un teólogo diga que el Ser es la expresión de un alma, aquél espíritu insuflado en el ser humano por un Ser Supremo. No sería más que una metáfora respecto de cómo se produce la aparición del Ser, no necesariamente una explicación de los pasos detectables por otros caminos.

Los filósofos han debatido si **Soy porque pienso** o si soy porque tengo sentimientos, como en el caso de Pascal cuando responde al *cogito ergo sum, diciendo que el corazón tiene razones que la razón no conoce.* Hay filósofos para las cuales solo hay fenómenos físico-químicos y nada que esté "por encima" (negando así lo *meta* físico).

A lo largo del desarrollo, la complejización progresiva de lo vivido sigue un camino hacia su procesamiento psíquico desde las organizaciones más tempranas de la **Vivencia**, unidad de situaciones vividas con significación para el sujeto, hasta llegar a la etapa de su transformación en **Experiencias**. Este nivel se alcanza cuando adquiere el sujeto la capacidad semántica y de representación simbólica de lo vivido, tiene un grado de consciencia de lo que ocurre y accede así a la posibilidad de poner en palabras lo vivido.

Curiosamente, uno de los pocos entrecruzamientos de diferentes corrientes psicológico-psicoanalíticas, pasa por la coincidencia en creer que la Experiencia es el sustrato principal de las comprensiones de la construcción del psiquismo, sobre el cual se opera luego de diferentes modos. También se llega a ella por distintos caminos, pero es un suerte de "*Rotonda*" que resulta difícil sortear, aunque siempre hay quien se las arregla para no coincidir.

De la experiencia que va organizándose en el Ser y que lo va enriqueciendo y complejizando hay un progresivo enriquecimiento de dicha experiencia hacia una nueva etapa de condensación de vida, ya que de eso se trata, ir poniendo más y más en "*envases más compactos*".

El saber incluye cientos de experiencias, como una experiencia puede albergar miles de vivencias.

El saber nos abre caminos nuevos para el conocimiento. Algunos de esos conocimientos comienzan a transitar por el saber mismo:

¿Quién sabe?

¿Cómo se llega a saber?

¿Qué cosas favorecen esa transformación de tantas experiencias en una condensación abarcativa?

Una pregunta que nace entonces es, ¿Hay relación entre saber y sabiduría?

Si la hay, ¿Cómo se produce la transición?

Si no la hay ¿Cómo se diferencian?

Hay otros caminos no explorados suficientemente. ¿Cuáles son las correlaciones entre el **saber** y los fenómenos culturales como la música, la poesía, el teatro, la ficción literaria, las artes plásticas que comenzaron con nuestros ancestros en Altamira o Lascaux?

¿Qué buscaba Ortega y Gasset, cuando subía a la montaña a pasar unos días con los pastores?

¿La sabiduría es un producto del siglo XX o ya la había en Concejos de Ancianos en tribus de hace 5000 años y en la actualidad, fuera del circuito "civilizado"?

Estas preguntas nos muestran hasta qué punto están interrelacionados el desarrollo del Ser con los aspectos que configuran el entorno social del individuo; las épocas que le tocan vivir a un individuo, la historia local y universal del momento; el peso de las costumbres, la influencia de las creencias dominantes.

Basado además en el hecho mismo de la gran interdependencia entre el individuo y su entorno. Dicho medio, al comienzo de la vida, lo designamos como el Medio Ambiente Específico (MAE) del ser emergente: la mamá, el papá, la familia inmediata, la ampliada, la comunidad de pertenencia y así en sucesivas capas, como una cebolla que va envolviendo un núcleo con distintas capas hasta llegar a la corteza externa.

El centramiento en el Ser permite el estudio de fenómenos del ámbito de la Salud, y también de los Valores que rigen una vida, de las Actitudes Básicas de una persona ante los hechos cotidianos. A diferencia de los campos clínicos de una psicología psicoanalítica más centrada en los trastornos, su sanación y sus orígenes.

El campo del desarrollo humano como una totalidad, sin limitarse a los primeros tramos,

ha dado una visión más global de la vida de una persona, en la cual sin duda el tramo inicial , o desarrollo infantil temprano (**DIT**), juega un rol fundante pero ya no absoluto.

El mismo campo del DIT ha echado luz a aspectos previamente desconocidos ya que tradicionalmente la historia de formación del psiquismo era escrita de "*adelante para atrás*", o sea: desde lo manifestado en una consulta o terapia se infería el tipo de DIT que esta persona había vivido.

El DIT o desarrollo infantil temprano es entonces un pivote esencial en el re- enfoque de la construcción progresiva del SER

Dentro de este campo del DIT, el enriquecimiento que pude vivir por haber transitado esos años de explosión informativa, sumado a los casi 20 años de investigación empírica y desarrollos conceptuales acerca de la iniciativa como organización de la espontaneidad que da la vida misma, me dieron una serie de herramientas que hoy me permiten ofrecer esta visión del desarrollo del ser y sus alternativas.

Espero haber obtenido en los lectores un interés suficiente en estos desarrollos conceptuales como para implantarles una nueva mirada al ser humano y un deseo de profundizar en el conocimiento de estos nuevos fenómenos, más abarcativas que los ofrecidos desde la psicología psicoanalítica tradicional, hoy suplementada por la concepción de la intersubjetividad, del desarrollo del sí-mismo y una nueva mirada a la clínica.

A los que trabajan con personas que padecen diferentes formas de dolor psíquico: desesperanza, vacío, soledad, momentos de pánico inexplicables, depresiones crónicas, agravados o no por dolencias orgánicas o catástrofes familiares o naturales, podrán ensanchar su mirada desarrollando un pensamiento propio que incluya estos nuevos aspectos de las descripciones del Ser humano. Espero haber contribuido a esto.

FIN

❧❧

SOBRE EL AUTOR

Miguel Hoffmann

Nacido en Buenos Aires de padres europeos, recibió su formación inicial como alumno de la primera escuela Waldorf de la Argentina. Desde la escuela primaria sintió la vocación por la medicina inspirado en figuras como Albert Schweitzer, y los investigadores tempranos en la microbiología. Formado en la Universidad jesuítica de Buenos Aires recibió formación filosófica y psicológica durante la carrera de grado.

Comenzó ejerciendo la psiquiatría general mientras esperaba ser admitido por el Instituto de Psicoanálisis donde finalizó sus estudios en 1977. El trabajo de consultorio durante quince años llevó a reflexionar sobre los orígenes y el alto costo de la patología. Buscando entonces la prevención temprana y un mayor acercamiento a la Psicología del Self decidió formarse nuevamente. Ésta vez por invitación de Heinz Kohut, en la ciudad de Chicago, donde cursó dos fellowships, uno en investigación en Desarrollo Humano y otro en Psiquiatría Infanto-Juvenil con especialización en los primeros tres años de vida.

Regresó a la Argentina para fundar un centro de investigaciones en desarrollo infantil temprano en 1984, que continúa hasta el presente. Adhirió a la Asociación Mundial de Salud Mental de la Primera Infancia (waihm.org), organización que lo distingue con once años de participación en el Comité Ejecutivo en distintos cargos desde 1989 hasta el 2000. En esa oportunidad renunció a la reelección para dedicarse de lleno al trabajo comunitario y de investigación en métodos de intervención temprana.

Es presidente honorario de la Sociedad Argentina de Primera Infancia (sapi.org.ar). Autor de "*Los Árboles No Crecen Tirando De Las Hojas*" que ya alcanza su cuarta edición. Ha publicado más de cincuenta trabajos en revistas científicas y más de veinte en revistas de divulgación, y ha presentado más de ciento cincuenta ponencias en congresos científicos nacionales, regionales e internacionales.

Participa como miembro del comité académico y como docente de la primera especialización en desarrollo psíquico temprano, en la Universidad Nacional de Cuyo de 2006 a 2010, formándose así dos promociones. Otros datos sobre su trabajo intelectual y de campo se encuentran en *primerainfancia.com.ar* y en *semanadelainfancia.net*. Allí también está disponible muestra de los trabajos publicados y detalles de su *currículum vitae*.

ॐ

También Disponible:

Los Arboles No Crecen Tirando De Las Hojas

www.primerainfancia.com

Miguel Hoffman ayuda a los padres a preservar la espontaneidad y desarrollar la creatividad de sus hijos y acompaña a los ninos en su camino hacia la felicidad. El desarrollo humano es un proceso que dura toda la existencia pero los comienzos tienen un valor decisivo. Los bebés tienen iniciativa, voluntad propia y capacidad de elegir. Son individuos desde el primer momento de su vida. Su individualidad está determinada por sus dotaciones genéticas pero tambien por las vivencias de su historia intrauterina y las experiencias de sus primeros meses en el mundo.

--*

Notas – Referencias - Bibliografía

CAMBALACHE
Enrique Santos Discépolo
Tango

Que el mundo fue y será una porquería, ya lo sé,
en el quinientos seis y en el dos mil también;

Que siempre ha habido chorros, maquiávelos y estafáos,
contentos y amargaos, valores y dublé.

Pero que el siglo veinte es un despliegue
de maldá insolente
ya no hay quien lo niegue,.

Vivimos revolcaos en un merengue
y en el mismo lodo
todos manoseaos.

Hoy resulta que es lo mismo
ser derecho que traidor,
ignorante, sabio, chorro,
generoso, estafador.

¡Todo es igual, nada es mejor,
lo mismo un burro que un gran profesor!
No hay aplazaos, ni escalafón,
los inmorales nos han igualao...

Si uno vive en la impostura
y otro roba en su ambición,
da lo mismo que sea cura,

colchonero, rey de bastos,
caradura o polizón.

¡Qué falta de respeto, qué atropello a la razón!
¡Cualquiera es un señor, cualquiera es un ladrón!

Mezclaos con Stravinsky van don Bosco y la Mignon,
don Chicho y Napoleón, Carnera y San Martín.

Igual que en la vidriera irrespetuosa
de los cambalaches se ha mezclao la vida,
y herida por un sable sin remache
ves llorar la Biblia contra un bandoneón.

Siglo veinte, cambalache,
problemático y febril,
el que no llora no mama
y el que no roba es un gil.

¡Dale nomás, dale que va,
que allá en el horno te vamo a encontrar!

¡No pienses más, tirate a un lao,
que a nadie importa si naciste honrao!

Si es lo mismo el que labura
noche y día como un buey
que el que vive de las minas,
que el que mata o el que cura
o está fuera de la ley.

TABLA III:

Tres Alternativas Básicas para las actividades del bebé.

Correlaciones entre comportamiento infantil y materno:

Tres Alternativas.

ESPONTANEIDAD	ACATAMIENTO NEGOCIADO	ACATAMIENTO-SUMISO
Se expresa libremente: despliegue de los proyectos que nacen de las intenciones y tendencias propias del bebé.	(La espontaneidad se preserva si bien está limitada de alguna manera) Aceptación de un uso compartido del espacio psíquico.	El bebé es incapaz de sostener su propia espontaneidad frente a un proyecto materno excesivamente poderoso que le deja con poco o ningún espacio para el proyecto propio.

CORRELACION CON ACTITUDES MATERNAS BASICAS

ALTERNATIVA I	ALTERNATIVA II	ALTERNATIVA III
El bebé de la percepción:	**El bebé preconsciente:**	**El bebé del Edipo:**
Es la percepción menos distorsionada del bebé. La visión que más se acerca a lo que el bebé es como tal y no como portador de los objetivos	Este bebé ha sido construido por la madre y el padre intercambiando deseos, proyectos, opiniones y, de este modo, construyendo rasgos específicos	Construido enteramente sobre la base de la historia evolutiva materna. Es el bebé del conflicto Edípico materno. Está presente en el en el

maternales (parentales, familiares) -o los deseos-	para el futuro de su bebé. (También es el bebé de la historia familiar, tal como ha sido contada por la madre de la madre: la transmisión intergeneracional de las reglas)	inconsciente materno, una parte de sus conflictos no resueltos; este bebé jugará un papel predominante en la historia materna aún antes de la concepción o del nacimiento La apropiación del bebé es *extrema*.
Este "bebé inmediato" se ve enriquecido (**Lebovici, 1983**) por las fantasías inconscientes de la mamá y su fantaseo diurno.	Este es el bebé del deseo de embarazo (**Lebovici, ídem**) enraizado en la relación entre madre y padre.	Este es el bebé del deseo de maternidad (**Lebovici, ídem**). Debería haber una evolución natural desde este bebé hasta el del deseo de embarazo (el bebé preconsciente), para evitar que la madre se apropie por completo del bebé.

Esta Tabla muestra tres posibles soluciones del comportamiento infantil, dependiendo de la interacción que se establece con tres aspectos diferentes del comportamiento materno. Cada columna incluye en la parte superior la conducta del bebé que se corresponde con el comportamiento materno de la parte inferior.

Bibliografía

Bateson, G. (1969). *Metálogos.* Buenos Aires: Tiempo Contemporáneo.

Bash, M; Stern, D."Matha Vinyard´s Symposium" July 1988, audiotape collection, The Selfpsychology Workshop.

Catherine Clément, G. S. (Dirección). (2008, Arte France Developpment). *Claude Lévi-Strauss par lui méme* [Película].

Erikson, E. (1950). *Childhood and Society.* New York: Norton.

Erikson, E. (1978). *Play and Reason.* London: Marion Boyars.

Erikson, E.H. (1985). Psychosocial Development. En S. Greenspan, & G. Pollock, *The Course of Life* (págs. 15-83). Washington: International University Press.

Freud, S. (1930). Das Unbehagen in der Kultur (El malestar en la Cultura). En S. Freud, *Gesammelte Werke* (págs. 420-506 Tomo XIV). Hamburg: Fischer Verlag.

Freud, S. ((1927) 1968). Die Zukunft einer Illusion (El porvenir de una ilusión). En S. Freud, *Obras de los años 1925-1931* (págs. 323-380, tomo XIV). Frankfurt: S. Fischer.

Fromm, E. (1963). *El miedo a la libertad (Trd. de Gino Germani).* Buenos Aires: Paidos.

HESSE, H.; Siddhartha. GW, Vol III,p. 615-736. Suhrkamp Verlag, 1957 (hoy Berlin)

Hoffmann, J. (1984, Vol. VI, Nr. 2/3). Desarrollo Temprano del Self. *Psicoanálisis- APdeBA* , xxx.

Hoffmann, J. (1995). Espejamiento. *Rev. de la A. A. de Psicol y Psicoter. de Grupo* , 81-115.

Hoffmann, J. (1997). Experiencias de una Investigación. *Psicoanálisis APdeBA* , 69-93.

Hoffmann, J. (1994). Le Rôle de L'Initiative dans le Developpment Emotionnel Précoce, Organization de Le Deuxieme Semestre. *Psychiatrie de L'enfant* , *XXXVII* (Nº 1), 179 à 213.

Hoffmann, J.M., Popbla,L. Duhalde, C. (1998). Early Initiative and Environmental Response. *Infant Mental Health Journal* , 1-32.

Hoffmann, M. ((en prensa)). *¿Que ibas a ser de Grande?* Buenos Aires: Hoffmann / CIAD.

Kahn, M. (1983). Infancy, Aloneness and Madness. En M. Kahn, *Hidden Selves* (págs. 181-182). Londres: The Hoggarth Press.

KOHUT, H. (1969). Formas y Transformaciones del Narcisismo. *Revista de Psicoanálisis* , Nro. 2.

Kohut, H. (1977). *The Restauration of the Self.* New York: Internat. U. Press.

KOHUT, H., & WOLF, E. (1979). Los Trastornos del Self y su Tratamiento. *PSICOANALISIS* , Vol I, Nº 2 , pgs 331-360.

Kornfield, J. (1993). *A Path with Heart.* Bantam Books.

Kornfield, J. (1998). Rooths of Buddist Psychology. Spirit Rock Meditation Center, Woodacre, CA, California, EEUUdeNA.

Lebovici, S. (1983). *Le nourisson, la mere et le psychcanalyste; les interactions precoces.* Paris: Du Centurion.

Liberman, D. (1976). *Comunicación y Psicoanálisis.* Buenos Aires: Alex Editor.

Liberman, D. (1972). *Lingüística, Interacción Comunicativa y Proceso Psicoanalítico.* Buenos Aires: Nueva Visión.

Martin, S. (2005-2010). *Iniciativas y Respuesta Ambiental durante la lactancia materna de 0-4 meses.* Universidad de Salamanca: Tesis doctoral.

Montaigne, M. d. (1998). *Essais.* Frankfurt a/M: Eichhorn AG.

Ruesch, J. B. (1965). *Comunicación, la matriz social de la psiquiatría.* Buenos Aires: Paidos.

Sander, L. (1982). Toward a logic organization of psychobiological development. *13 er Simposio Margareth Mahler.*

Scholl, I. (1970 (1989)). *The White Rose.* Middleton, CT: Wesleyan University Press.

Stern, D. (1985). *The Interpersonal World of the Infant.* New York: Basic Books.

Tourraine, A.;Khosrokhavar, F. (2000). *A la búsqueda de sí mismo.* Buenos Aires: Paidos.

Trevarthen, C., & Aitken, K. (2001, V. 42, Number 1). Infant Intersubjectivity: Research, Theory and Clinical Applications. *The J of Child Psychology & Psychaitry* , 3-48.

¡Síguenos en Facebook!
facebook.com/Hoffmann.J.Miguel

¡Síguenos en Twitter!
twitter.com/Miguel_Hoffmann

--*

Para comunicarse con este autor o para información sobre publicaciones Hoffmann / CIAD, puede escribir a:
hoffmann.publica@gmail.com

www.ingramcontent.com/pod-product-compliance
Lightning Source LLC
Chambersburg PA
CBHW070013300526
45794CB00001B/306